Oskar Pilz

Beiträge zur Kenntnis der altfranzösischen Fabliaux

1. Die Bedeutung des Wortes Fablel

Oskar Pilz

Beiträge zur Kenntnis der altfranzösischen Fabliaux
1. Die Bedeutung des Wortes Fablel

ISBN/EAN: 9783743487420

Hergestellt in Europa, USA, Kanada, Australien, Japan

Cover: Foto ©Thomas Meinert / pixelio.de

Manufactured and distributed by brebook publishing software (www.brebook.com)

Oskar Pilz

Beiträge zur Kenntnis der altfranzösischen Fabliaux

Beiträge zur Kenntnis der altfranzösischen Fabliaux.

1. Die Bedeutung des Wortes Fablel.

Inaugural-Dissertation

zur

Erlangung der Doktorwürde

bei der

hohen philosophischen Fakultät zu Marburg

eingereicht

von

Oskar Pilz

aus Grünberg i. S.

STETTIN.

Verlag von Gustav Fock in Leipzig.

1889.

Meiner lieben Mutter.

> Fablel sont bon à escouter
> Maint duel, maint mal font mesconter
> Et maint annui et maint meffet.
> Des trois avugles de Compiegne, par Cortebarbe,
> M(ontaiglon et) R(aynaud. Recueil général et complet des
> Fabliaux) I, p. 70 v. 7—9. cf. Le Chevalier qui faisoit
> parler les cons et les culs, par Garin. B(arbazan et) M(éon,
> Fabliaux et contes) III. p. 409 v. 4—11.

Im Jahre 1872 erschien der erste Band des „Recueil général et complet des Fabliaux des XIIIe et XIVe siècles imprimés ou inédits, publiés d'après les manuscrits par M. Anatole de Montaiglon"; ihm folgten in den Jahren 1877—1883 vier weitere Bände, an denen ausser Montaiglon noch Gaston Raynaud Mitarbeiter war. Die Sammlung ist noch nicht zu Ende geführt: sie will die schwer zu erreichenden Ausgaben von Barbazan, Méon, Legrand d'Aussy, Jubinal und anderen ersetzen; sie will alle Fabliaux, aber auch nur die echten, in kritischen Texten darbieten. Sofort musste sich den Herausgebern die Frage aufdrängen: „Was ist ein Fablel?" oder „Was verstanden die mittelalterlichen trouvères unter einem Fablel?" Um diese Frage richtig beantworten zu können, galt es eine genaue Untersuchung derjenigen dichterischen Schöpfungen — denn niemals wird eine prosaische Erzählung „fablel" genannt — anzustellen, welche von den Dichtern selbst mit diesem Namen belegt werden. Diese Untersuchung ist von den Herausgebern nicht gemacht worden, und es darf uns nicht Wunder nehmen, wenn auch sie, wie ihre Vorgänger, in ihre Sammlung Stücke aufgenommen haben, die ganz und gar nicht hineingehören. Es leuchtet ein, dass wir nur derjenigen Dichtgattung den Namen „fablel" beilegen können, die von den Dichtern selbst so bezeichnet wurde.

Seitdem im vorigen Jahrhundert der Graf Caylus in den „Mémoires de l'académie des inscriptions vol. 20" die Fabliaux ihrer unverdienten Vergessenheit entrissen hatte, waren die Ansichten über das, was man unter einem Fablel zu verstehen habe, so verschieden wie wohl kaum über irgend eine andere Dichtgattung. Mit Recht bemerkt Montaiglon MR I, p. VII: Miracles et contes dévots, chroniques historiques rimées, Lais, petits Romans d'aventure, Débats, Dits, pièces morales, tout ce qui se rencontrait d'ancien et de curieux sans être long a été publié un peu au hasard et en masse par les différents auteurs"; wir können hinzufügen: „Fables, Castoiements, Bibles, Serventois, Chansons und Dialogues".

In der grossen Anzahl von Ausgaben, die altfranzösische Dichtungen von kleinerem Umfange enthalten, haben wir nur 81 Stücke gefunden, die die Dichter uns selbst als Fablel bezeichnen. Diese zerfallen ihrem Inhalte nach in 7 Gruppen: in die erste Gruppe gehören 64 Erzählungen, die letzte von ihnen ist ein werthloses Fragment; 4 Erzählungen machen die zweite, 2 die dritte, 8 die vierte und je eine die fünfte, sechste und siebente Gruppe aus.

Wir lassen nunmehr die einzelnen Fabliaux folgen und geben in der Regel ganz kurz den Inhalt eines jeden an; am Schlusse jeder Gruppe stellen wir eine zusammenfassende Definition auf.

Die erste Gruppe.

1) **Des trois boçus**, par Durand, MR I, 13—23; p. 13 v. 5 „fablel" (: chastel), p. 22 v. 285 „conte". Ein Buckliger heiratet die schöne Tochter seines Nachbars. Er bewirtet drei missgestaltete Sänger auf das Freundlichste in seinem Hause und entlässt sie mit reichen Geschenken. Gegen den ausdrücklichen Befehl ihres Gatten lässt die Dame sie zurückrufen, um sich durch ihre Lieder die Zeit zu vertreiben. Bei der unerwarteten Rückkehr ihres Mannes schliesst sie einen jeden von ihnen in einen Schrank ein. Als sie nach dem Weggange des Hausherrn die Schränke öffnet, um sie herauszulassen, sind sie alle drei tot. Bestürzt über dieses unheilvolle Abenteuer, bietet sie einem vorübergehenden Manne dreissig Pfund an, wenn er ihr einen Toten bei Seite brächte. Der Bauer ist ärgerlich darüber, dass der ins Wasser Geworfene zweimal zurückkommt. Als er auf dem Rückwege den buckligen Gatten trifft, den er für den zum dritten Male zurückkehrenden Toten hält, erschlägt er ihn und wirft ihn ebenfalls ins Wasser. Die Frau giebt ihm den versprochenen Lohn. cf. weiter unten no. 10, 31a, 31b, 31c, H(istoire) L(ittéraire) XXIII, 165, MR IV, 47—52.

2) **Des trois avugles de Compiengne**, par Cortebarbe, MR I, p. 70—81; p. 70 v. 2, 7 und 10 „fablel". p. 81 im letzten Verse „conte" (: honte). Ein Priester redet drei Blinden vor, dass einer von ihnen einen „besant" von ihm erhalten habe. Infolge dessen machen sie eine grosse Ausgabe in der Stadt Compiegne bei dem Gastwirt Nicole. Da sie ihre Zeche nicht bezahlen können, so erbietet sich der junge Geistliche sich für sie zu thun. Er erfüllt sein Versprechen durch eine neue List. Er geht zu dem Pfarrer der Stadt, welchem er zwölf Denare giebt, auf dass dieser ein Evangelium auf dem Kopfe des Wirtes lese, der, wie er sagt, seit gestern Abend verrückt ist. Dann verschwindet er. Als der Pfarrer den Nicole vor sich niederknieen lässt, verlangt der erstaunte Gastwirt mit lautem Schreien sein Geld und keine Segenssprüche. Vergebens behauptet er, bei gesundem Menschenverstande zu sein; das Evangelium muss er bis zu Ende anhören. cf. HL XXIII, 139—140.

3) **De Sire Hain et de Dame Anieuse**, par Hugues Piaucele, MR I, 97—111; p. 97 v. 2 und p. 110 v. 402 „fablel" (: bel), p. 111 v. 414 „fabliaus", p. 107 v. 310 „conte". Ein gutmütiger Bürger und seine widerspruchsüchtige Frau kämpfen darum, wer die Hosen tragen, d. h. das Regiment im Hause führen solle. Die Hosen werden in dem Hofe als Kampfpreis niedergelegt. Zwei benachbarte Zeugen Symon und Dame Aupais sollen Richter des Zweikampfes sein, der sofort beginnt. Auf beiden Seiten fallen wuchtige Schläge. Der lange Zeit strittige Sieg fällt dem Manne zu, und die Frau verspricht dem Sieger unbedingten Gehorsam. cf. HL XXIII, 190—191.

4) **Du Provost à l'aumuche**, MR I, 112—116; p. 112 v. 1 und p. 116 v. 128 „fubliaus". Ein Ritter ladet einen Priester zu Tisch ein; dieser lässt es sich einfallen, ein Stück Speck

unter seiner Kopfbedeckung zu verbergen. Da er in der Nähe des Kamins sitzt, so laufen ihm bald die Fetttropfen über das Gesicht. Ein Knappe schlägt ihm seine Mütze vom Kopf und damit das Stück Speck; die Diener prügeln ihn tüchtig durch, werfen ihn aus dem Hause und lassen ihn halbtot in einem Graben liegen. cf. HL XXIII, 138.

5) **Le Cuvier**, MR I, 126—131; p. 131 v. 150 (letzte Zeile) „fabliaus". Es ist ein lustiger Schwank, in dem ein junger Geistlicher, ein Kaufmann und seine Frau auftreten.

6) **De Brunain la vache au Prestre**, par Jean de Boves, MR I, 132—134, dem Verfasser von noch acht anderen Fabliaux, die er in dem Stücke „Des II. Chevaus" MR I, 153 ff. aufzählt; p. 134 v. 64 „fabliaus" (: toiliaus). Ein Dorfpfarrer ermahnt seine Zuhörer, ihre Habe der Kirche zu geben, indem er ihnen verspricht, dass Gott ihnen das doppelte wiedererstatten würde. In der Hoffnung auf sicheren Gewinn führt ein Bauer seine Kuh Blere dem Priester zu. Sie wird an den Hörnern mit Brune, der Kuh des Pfarrers, zusammengebunden, zieht diese am Abend mit sich fort und schlägt den Weg nach dem Hause des Bauern ein. Der Bauer freut sich, den Worten des Priesters Glauben geschenkt zu haben. cf. HL XXIII, 198; Lenient, La Satire en France au moyen-âge, 1877, p. 80.

7) **Des deus Chevaus**, par Jean de Boves, MR I, 153—161; p. 153 v. 14, 18 (: bel) und v. 20 „fablel". Wie wir soeben bemerkt haben, hat Jean de Boves neun Fabliaux gedichtet; das unsere beginnt auf folgende Weise:

    Cil qui trova d'el (lisez: del MR II, 295) Morteruel,
    Et d'el (del) mort vilain de Bailluel,
    Qui n'ert malades ne enfers,
    Et de Gombert et des .II. Clers
5.   Que il mal atrait à son estre,
    Et de Brunain la vache au prestre,
    Que Blere amena, ce m'est vis,
    Et trova le songe des vis
    Que la dame paumoier dut
10. Et du Leu que l'oue deçut,
    Et des .II. Envieus cuivers,
    Et de Barat et de Travers
    Et de lor compaignon Haimet
    D'un autre fablel s'entremet,
15. Qu'il ne cuida jà entreprendre.

Diese Aufzählung ist für unsere Untersuchung von Wichtigkeit; erstlich sehen wir, dass „Li Vilains de Farbu" — dies ist der gebräuchlichere Titel des ersten Fablel — hier ausdrücklich als Fablel bezeichnet wird; dann lernen wir (v. 8 und 9) ein Fablel dem Namen nach kennen, das bisher noch nicht veröffentlicht worden ist und das uns in einer andern Version von Jehan Bedel unter dem Titel „Li sohaiz desvez" bekannt ist;[1] endlich finden wir in v. 10 ein Stück mit dem Namen Fablel belegt, dem er, wie die weitere Darlegung zeigen wird, nicht zukommt. —

---

[1] Gewiss mit Unrecht schreibt Leclerc in HL XXIII, 153 alle diese Fabliaux dem Dichter Jehan Bedel zu.

Ein Bauer will auf einem nahegelegenen Markte ein altes schlechtes Pferd verkaufen. Als er bei einer Abtei vorbeikommt, fragt ihn ein Mönch, ob er sein Pferd gegen das des Klosters austauschen wolle. Man wird dahin einig, dass beide Pferde mit zusammengebundenen Schwänzen inmitten des Hofes aufgestellt werden sollen. Wenn die Mähre des Bauern sich stärker als der Klepper des Mönches erweisen würde, sollten beide dem ersteren gehören, und umgekehrt. Der Kampf bleibt unentschieden. cf. H L XXIII, 155/6.

8) **Des trois dames qui trouverent l'anel,**[1]) par **Haisiau**, M R I, 168—177; p. 168 v. 2 (: anel) und p. 171 v. 99 „fablel". Dieses Fablel besteht aus drei Erzählungen, von denen jede den Namen Fablel verdient, wie ihn die erste auch thatsächlich v. 99 aufweist. — Drei verheiratete Frauen finden beim Spazierengehen einen Ring und kommen dahin überein, dass er derjenigen gehören soll, die ihrem Manne den besten Streich spielen wird. Der Dichter erzählt nun die drei Streiche und fragt am Schlusse, welche von den drei Frauen den Ring verdient habe. cf. H L XXIII, 134.

9) **Le Dit des Perdriz,**[2]) M R I, 188—193: p. 188 v. 1, p. 193 v. 150 und 156 „fabliaus", p. 193 v. 155 „fablel". Ein Bauer, seine Frau und ein Pfarrer sind die Personen dieser Erzählung. cf. H L XXIII, 145.

10) **D'Estormi**, par **Hugues Piaucele**, M R I, 198—219; p. 198 v. 3 „fabler", (die Herausgeber verbessern „fablel" M R II, 299), p. 206 v. 259 (: bel), p. 219 v. 627 und 630 „fablel", p. 206 v. 255 und p. 218 v. 606 „fabliaus". Drei Priester büssen ihre Lüsternheit mit ihrem Leben. cf. B M IV, p. XII und XIII: H L XXIII. 166; no 1, 31, 31a, 31b, 31c und 39.

11) **Du Sot Chevalier**, M R I, 220—230; p. 228 v. 250 „fabliaus", p. 230 v. 318 (letzte Zeile) „fablel". Ein dummer Ritter wird von seiner Schwiegermutter in seinen ehelichen Pflichten unterwiesen.

12) **De Gombert et des .II. Clers**, par **Jean de Boves**, M R I, 238—244. Unser Stück wird erwähnt M R I, 11 v. 291 und ebenda p. 153 v. 4/5. Zwei Geistliche machen der Frau und der Tochter eines gewissen Gombert den Hof; cf. H L XXIII, 143. Der Auszug bei Legrand d'Aussy, Fabliaux ou contes. 1829, IV, 18—23 bezieht sich nicht, wie Montaiglon meint, auf dieses Fablel,[3]) sondern auf M R V, 83—94.

13) **Des .II. Changeors**, M R I, 245—54; p. 245 v. 3 und p. 254 v. 288 (letzte Zeile) „aventure", p. 254 v. 283 „fablel". Es handelt sich um die Rache einer anmutigen jungen Frau für den Schimpf, den ihr Geliebter ihr angethan hat.

14) **Le Flabel d'Aloul**, M R I, 255—288 (B M III, 326—357 „Le Fabel d'Aloul"); v. 1 p. 255 „conte" (: raconte). Die Tochter eines armen Adligen heiratet einen reichen Bauer, der sie wegen ihrer Schönheit aus Eifersucht ganz streng bewacht. Einem Priester gelingt es, ihre Liebe zu gewinnen: der Strafe entgeht er durch eilige Flucht.

---

[1]) „Une nouvelle version vient d'être signalée par M. Ritter dans le ms. 179 bis de la bibliothèque Genève (Bulletin de la Soc. des anc. text. fr. III, 89); malheureusement il n'en reste qu'un fragment de 50 vers". M R IV, 275.

[2]) Bartsch hat in seiner Altfranzösischen Chrestomathie', Spalte 299—302 den Titel, entgegen der Überlieferung, in „Li Fabliaus des Perdriz" geändert.

[3]) M R II, 304; V, 325: In der hs. von Berne 354, welche eine andere Version bietet, ist der Titel: „D'Estula ou de l'anel de la paelle".

15) **Du Foteor**, MR I, 304—317; v. 2 „dit", v. 4 „fable" (: desresnable), v. 6 „coule".
Unser Stück[1]) wird in einer zweiten Aufzählung von Fabliaux, in „Des .II. Bordeors ribauz", MR I, 1—12 als Fablel bezeichnet. Hier heisst es p. 11 v. 285—298:

285. Ge sai contes, ge sai flabeax,
Ge sai conter beax diz noveax,
Rotruenges viez et noveles,
Et sirventois et pastoreles.
Ge sai le fablel du Denier
290. Et du Fouteor à loier
Et de Gobert et de dame Erme,
Qui ainz des els ne plora lerme,
Et si sai de la Coille noire:
Si sai de Purceval l'estoire,
295. Et si sai du provoire taint
Qui o les crucefiz fu painz;
Du Prestre qui menja les meures
Quant il devoit dire ses heures.

Es werden im ganzen sieben Fabliaux aufgeführt: 1) Le Flabel du Denier, gedruckt bei J(ubinal) J(ongleurs). p. 94—100: 2) Du Foteor, MR I, 304—317 (p. 310 v. 175: Ge sui fouterres à loier); 3) De Gobert (paläographischer Fehler für Gombert), MR I, 238—244, von dem wir schon gesprochen haben: 4) De dame Erme, welches sonst unter dem Namen „Le villain de Bailluel" bekannt ist. MR IV, 212—216; 5) De la coille noire, BM III, 440—441; 6) Du Provoire taint. Dieses Stück ist noch nicht veröffentlicht; es hat einen gewissen Gautier zum Verfasser, der auch das Fablel „De Conneberl", MR V, 160—170 gemacht hat; 7) Du Prestre qui mengea les meures liegt uns in zwei Redaktionen, MR IV, 53—56 und MR V, 37—39, vor. — Der Inhalt des „Foteor" erhellt aus dem Titel.

16) **Du Prestre et d'Alison**, par Guillaume le Normand, MR II, 8—23; p. 22 v. 438 „fable" (: arbre), p. 23 v. 452 „fablel" (: bordel). — Ein Priester wird für seine Lüsternheit streng bestraft. Unser Dichter, der durch den Roman von Fréjus und „le Besant de Dieu" bekannt ist, hat viele Fabliaux gereimt, wenn man seinen eigenen Worten Glauben schenken will, MR II, 8 v. 4 ff. und Besant de Dieu (ed. Martin), p. 3 v. 79 ff.:

Guillame, uns clers qui fu Normanz,
Qui versefia en Romanz
Fablels et contes soleit dire
En foie e en vaine matire,
Pecchu sovent: deus li pardont.

„Du Prestre et d'Alison" ist das einzige, das uns überliefert worden ist. cf. jedoch Rom(ania) IX, 626.

---

[1]) MR II, 307: „Le ms. 354 de la biblioth. de Berne comprend, du fol. 1 au fol. 3 v°, une partie incomplète de ce fabliau".

17) **De Guillaume au faucon,** M R II, 92—113; p. 92 v. 1 „aventure", p. 112 v. 615 „flabel" (: novel) und p. 113 v. 636 „contes" genannt. Wilhelm ist ein stattlicher „damoisiax", der sich in die Frau des Ritters verliebt, welchem er seit sieben Jahren treu dient. Er benutzt dessen Abwesenheit — der Ritter war in ein fernes Land zu einem Turnier geritten — um der Dame seine Liebeserklärung zu machen. Er wird abgewiesen, aber er schwört ihr, weder Speise noch Trank anzurühren, bevor er seinen Wunsch erfüllt sieht. Schon beinahe vier Tage hatte er gefastet, als man die Rückkehr des Ritters meldete. Die Dame benachrichtigt Wilhelm davon; er besteht trotz ihrer Drohungen auf seinem Entschlusse. Bei seiner Ankunft fragt der Ritter nach dem Grunde der Krankheit seines Knappen. „Deinen Lieblingsfalken will er haben", entgegnet ihm listig seine durch Wilhelms Beharrlichkeit endlich gerührte Frau. „So gieb ihm mit dem Falken seine Gesundheit wieder", war die schnelle Antwort des Ritters. Den Schluss des Stückes bilden, wie bei vielen andern, moralische Betrachtungen des Dichters; cf. B M IV, p. XI, XII.

18) **De deus Angloys et de l'anel,** M R II, 178—182; p. 178 v. 1 „fableau", p. 182 v. 116 „fablel". Zwei Engländer kommen nach Paris, und der eine von ihnen hat das Unglück krank zu werden. Er verlangt nach einem Stück Kalbsbraten und bittet seinen Gefährten, ihm „une pièce d'anel" zu kaufen. Er geht von Laden zu Laden, aber niemand versteht seine Forderung. Endlich meint ein Fleischer, ihn zu begreifen und verkauft ihm einen kleinen Esel. Man bereitet einen Schenkel davon zu, aber der Knochen erscheint dem Kranken für einen Kalbsknochen zu gross. Man zeigt ihm die Haut, und der Kranke bricht über diesen Irrtum in ein so heftiges Lachen aus, dass er auf der Stelle gesund wird.

19) **Du Prestre et de la Dame,** M R II, 235—241; p. 235 v. 1 „mençonge", p. 240 v. 169 „flabel" genannt. Ein einfältiger Bürger wird mit Hülfe seiner Frau von einem Priester schwer in seiner Ehre gekränkt.

20) **Du Chevalier à la robe vermeille,** M R III, 35—45; p. 327 v. 3 in B „aventure" (: laidure), p. 45 v. 307 „fabliaus" (B „contes", p. 332). Der Inhalt ist im Wesentlichen dem des vorigen Stückes ähnlich; die auftretenden Personen gehören dem ritterlichen Stande an; cf. H L XXIII, 174.

21) **De la Crote,** M R III, 46—48; p. 46 v. 2 (: bel), v. 4 „fablel" genannt. Nachdem die Frau eines Bauern nicht erraten hatte, was er ihr zeigen wolle, spielte sie ihm auf eine grobe Weise denselben Streich.

22) **Du Prestre qui abevete, par Garin,** M R III, 54—57; p. 54 v. 3 „flablel" und am Schlusse lesen wir: Ci define li Fabliaus du Prestre; „Flabliaus" im Jahrbuch (für romanische und englische Literatur) XIII, 286. — Es handelt sich um die List eines Priesters, die Liebe der schönen Frau eines albernen Bauern zu gewinnen.

23) **De la damoisele qui ne pooit oir parler de foutre,** M R III, 81—85; p. 81 v. 1 „conte" (: raconte), v. 2 „fablel", p. 85 v. 117 „fable". Ein junger Mann hört von der Tochter eines Ritters sprechen, die „ne pooit oir parler de foutre", ohne in Ohnmacht zu fallen. Er beschliesst, bei ihr sein Glück zu versuchen und bietet dem Ritter seine Dienste an. Man empfängt ihn gut, da er das Bewusstsein verliert, als er grobe Worte vernimmt. Das junge Mädchen verliebt sich in ihn und beide werden ein glückliches Ehepaar.

23a) **De la Demoisele qui n'ot parler de fotre qu'i n'aust mal au ouer**, MR V, 24—31. hat denselben Inhalt. Wir lesen p. 24 v. 1 „fable", p. 31 v. 210 „fabliaus" (:jumaus). Der junge Mann sucht keine Frau, er findet eine ihm ergebene Geliebte.

24) **De pleine bourse de Sens**, par Jehan le Galois, MR III, 88—102; p. 102 v. 418 „fabliau" (p. 355 A „fabel", C „fablel"). Ein Bürger vernachlässigt seine Frau, um einer geldgierigen Maitresse den Hof zu machen. Eines Tages geht er auf den Markt der Stadt Troyes und fragt seine Geliebte, was sie wünsche, dass er ihr mitbringen solle. Sie beauftragt ihn, ihr eine Börse voll „sens" zu kaufen. Lange sucht er vergeblich danach auf dem Markte herum; endlich trifft er einen alten Mann, dem er sein Anliegen vorträgt. Der Greis rät dem Kaufmann, die Treue seiner Geliebten dadurch auf die Probe zu stellen, dass er ihr mitteile, er habe auf dem Markte alle seine Güter eingebüsst. Er folgt diesem Rate, kehrt mit einem schlechten Mantel bekleidet zu seiner Buhle zurück und erzählt ihr sein Unglück. Von der undankbaren Freundin mit Schimpfworten abgewiesen, klopft er an der Pforte seines Hauses an, teilt seiner Frau sein grosses Missgeschick mit, die ihn tröstet und sich sogleich erbietet, ihre Wiesen, ihre Weingärten und ihre Mühlen zu verkaufen, um den Schaden zu ersetzen. So viel Edelmut überzeugt den Kaufmann von der Treue seines Weibes, und er bittet sie um Verzeihung. cf. HL XXIII, 187.

25) **De Celle qui se fist foutre sur la fosse de son mari**, MR III, 118—122; p. 118 v. 2 und 3 „fable", p. 360 v. 2 (als Variante) „fabliaus". Der Inhalt geht aus dem Titel des Stückes hervor.

26) **De la Dame qui fist .III. tors entor le Monstier**, par Rutebuef, MR III, 192—198; p. 198 v. 171 „fablel" (:avel). Eine Frau giebt einem Priester ein Stelldichein und redet ihrem Manne vor, dass sie in frommen Gebeten dreimal um die Kirche herumgegangen sei.

27) **Du Vilain au Buffet**, MR III, 199—208; p. 387 v. 1 (in B) „dis", p. 200 v. 27 „fabliaus" (in B p. 388 „romans"). Als ein reicher Schlossherr ankündigt, dass er für alle Welt Hof halten wolle, bittet ein Bauer den Seneschal, ihm einen Platz in dem Festsaale zu verschaffen. Dieser ist über des Bauern Unverschämtheit erbittert und giebt ihm „un buffet" (eine Ohrfeige) mit der Weisung, sich auf jenes „buffet" zu setzen. Da versetzt er dem Seneschal seinerseits einen derben Schlag und sagt: „Ich habe ihm seine „„buffet"" wiedergeben wollen". cf. HL XXIII, 123.

28) **De Berangier au long cul**, par Guerin, MR III, 252—262; p. 252 v. 1 „Tant ai dit contes et fablcaus" (:noveaus). Ein reicher Bauer, Namens Berangier, heiratet die hübsche Tochter eines verschuldeten Ritters, welche ihn für seine Lüge, dass er mit wackeren Rittern turniere, hart bestraft.

29) **De Frere Denise**, par Rutebeuf, MR III, 263—274; p. 263 v. 17 „flabel" (A „ditié" p. 427). Der Mönch Denise ist ein junges, hübsches Mädchen, das von Franziskanermönchen aus ihrem väterlichen Hause entführt wird. Der Betrug wird entdeckt und Denise heiratet einen stattlichen Ritter.

30) **Les Braies au Cordelier**, MR III, 275—287; p. 272 v. 2 „dit", p. 287 v. 360 „flabel" (A „fablel" p. 434). Ein Bauer wird von seiner Frau hinters Licht geführt.

31) **Du prestre qu'on porte ou de la longue nuit**, MR IV, 1—40; p. 40 v. 1155 „flabel" (A „roumanc" p. 232), v. 1161 „fabliaus" (A „rommans"), v. 1164 B „fabliaus", p. 39 v. 1131 „conte" (:honte). Ein Priester büsst seine Lüsternheit mit seinem Leben; sein Leichnam macht in der Nacht die wunderlichsten Wanderungen durch. cf. no 1 und 10 und HL XXIII, 141.

31a) **Du Segretain ou du Moine**, MR V. 115—131; p. 115 v. 2 „aventure" (:cure), p. 131 v. 497 „livres" (:livres), p. 131 v. 500 „fablaus". Dieser Text ist eine neue Version des vorstehenden Fablels; er zeigt bedeutende Abweichungen in den Einzelheiten, die weniger verwickelt sind.

32) **De la Male Honte, par Guillaume le Normand**[1]), MR IV. 41—46; p. 41 v. 2 „flabel" (A „flabé" p. 233), v. 9 und p. 46 v. 150 „conte" (:Honte). In England bestand einst die Sitte, dass der König zum Teil diejenigen beerbte, welche kinderlos starben. Ein Bürger, Namens Honte, beauftragt auf seinem Sterbebette einen seiner Nachbarn, nach seinem Tode einen mit Geld gefüllten Koffer dem Könige zu überbringen. Der Freund begiebt sich nach London und lässt dem Könige melden, dass er ihm „la male Honte" bringe. Zuerst wirft man ihn mit Schlägen vor die Thür, aber bald sieht man ein, dass man ihm Unrecht gethan hat, da er nicht „die schlechte Schande", sondern „den Koffer des Honte" bringe. Um ihn für die unverdiente Prügelstrafe schadlos zu halten, schenkt ihm der Monarch den Koffer.

33) **Du Provoire qui menga les meures**, par Guerin, MR IV, 53—56; p. 53 v. 3 „conte" (:raconte), p. 56 v. 91 „flabel". Eines Tages ritt ein Geistlicher von einem Markte auf einem Maulesel nach Hause und vertrieb sich die Zeit damit, seine Horen zu sprechen, als er am Wege einen Maulbeerbaum bemerkte, dessen schöne reife Früchte ihn zum Essen einluden. Er hält an, macht sein Gebetbuch zu und stellt sich aufrecht auf den Esel, um die Zweige des hohen Baumes zu erreichen. Die grossen schwarzen Beeren schmecken ihm sehr gut; jedoch während er isst, macht er bei sich, aber ganz laut, die Bemerkung: Gott, wenn jetzt einer käme und „hü" schrie! Bei diesem Worte zittert das Maultier und setzt sich in Trab; der leckerhafte Reiter fällt in das Gebüsch, aus dem man ihn mit zerrissenen Kleidern und halbtot hervorzieht. cf. Lenient, l. c. p. 80. Unser Fablel wird in dem Stücke „Des II. Bordeors ribauz" MR I, 11, v. 297 und 298 angeführt.

34) **Des Tresces**, MR IV, 67—81; p. 81 v. 427 „fableau", v. 434 „conte" (:honte). Eine Frau beweist ihrem Manne, dass er geträumt hat.

34a) **Li Fabliaux des tresces**, Méon N(ouveau) R(ecueil de fabliaux et contes inédits) I, 343—352; p. 343 v. 4 „fabiel", v. 6 „fabliaus", p. 351 v. 267 „fabliau". Dieses Fablel ist eine veränderte Bearbeitung des vorangehenden.

35) **Le vilain de Farbu**, par Jean de Boves, MR IV, 82—86. Diese Erzählung findet sich als die erste in der Aufzählung der Werke unseres Dichters, von der wir oben gesprochen haben: „cil qui trova del Morteruel"; das Wort „morteruel" treffen wir viermal auf pp. 84, 85 und 86 an. In unserem Stücke selbst findet sich keine direkte Andeutung, welcher Dichtungsart es zugeteilt werden soll. — Ein sehr dummer Bauer geht mit seinem Sohne nach der Stadt, um einige Waren einzukaufen. Auf der Landstrasse finden sie ein Hufeisen, welches der Sohn sich weigert aufzuheben; denn als er es anspie, ist das Wasser unter Zischen verdampft. Als beide nach Hause zurückgekehrt sind, wendet der Alte bei seiner heissen Fleischspeise dasselbe Mittel an; da er kein Zischen bemerkt, hält er sie für kalt, schluckt sie gierig hinunter und verbrennt sich dabei den ganzen Mund.

---

[1]) „Le Normand" ist ein Zusatz der Herausgeber. Es scheint zweifelhaft, ob er auf Grund überzeugender Beweise gemacht ist; cf. auch Rom IX, 626.

36) **De Barat et de Haimet ou des .III. larrons**, par Jean de Boves, MR IV, 93—111 (cf. MR I, 153 v. 12 und 13): p. 93 v. 1 „fabliaus" (B „fable" p. 246). Drei Bauern, Barat, Haimet und Travers haben beschlossen, ihre Diebstähle gemeinsam auszuführen und dann ihre Beute zu teilen. Travers bereut jedoch sein sündiges Leben, kehrt zu seiner Frau zurück, und es gelingt ihm bald, seinen Unterhalt auf ehrliche Art und Weise zu gewinnen. Von seinen Ersparnissen schlachtet er ein Schwein, das er an einem Balken im Hausflur aufhängt. Während seiner Abwesenheit kommen Barat und Haimet in sein Haus. Kaum haben sie das Schwein bemerkt, als sie beschliessen, es am Abend zu stehlen. Travers erfährt bei seiner Rückkehr von seiner Frau, dass zwei alte Freunde ihn besucht haben; er ahnt, dass es Barat und Haimet sind und versteckt das Schwein. Aber die Diebe finden es, und durch viele Bitten erreicht Travers endlich, dass sie ihm ein Dritteil überlassen.

37) **Do Porcelet**, MR IV, 144—146; p. 144 v. 1 „fabel". Der Inhalt ist dem der Stücke in no 23 und 23a ähnlich.

38) **Do pré tondu**, MR IV, 154—157; p. 154 v. 21 „fablel" (: damoisel). Eine Frau findet Vergnügen daran, ihrem Manne beständig zu widersprechen. Als sie einmal über eine Wiese gehen, spricht der Mann seine Freude darüber aus, dass das Gras so schön mit der Sichel abgemäht sei. „Mit der Schere ist es abgeschnitten worden", entgegnet ihm die Zanksüchtige. Ein jeder besteht auf seiner Meinung, der Gatte gerät in heftigen Zorn und prügelt seine Frau so sehr, dass sie halb ohnmächtig zu Boden fällt. Sie kann nicht mehr sprechen, aber durch Zeichen deutet sie an, dass man das Gras mit einer Schere abgeschnitten habe.

39) **De Constant du Hamel**, MR IV, 166—198: p. 166 v. 2 „aventure" (: cure), v. 4 „fablel" (: Hamel), p. 198 v. 954 „fabel", v. 955 „conte". Die Frau eines Arbeiters, mit Namen Constant Duhamel, widersteht standhaft den Versuchungen eines Priesters, eines Bürgermeisters und eines Försters. Diese werden über die Abweisung so aufgebracht, dass sie sich an Constant Duhamel empfindlich rächen; durch eine List der Frau ziehen sie den Kürzeren. cf. D'Estormi, MR I, 198—219, Roman de Dolopathos, ed. Montaiglon et Brunet, v. 7097—7522 und HL XXIII, 200—201.

40) **Du Villain de Bailluel**, par Jean de Boves, MR IV, 212—216; p. 212 v. 1 und p. 216 v. 114 „fabliaus"; an der ersteren Stelle lesen wir im Jahrbuch XIII, 286 „flabliaus". Ein Bauer wird von seiner Frau betrogen. Dieses Fablel, das uns in 4 Hss. überkommen ist, hat einen andern Titel in B, C und D; es war auch unter dem Namen „Dame Erme" bekannt, denn unter diesem Titel finden wir es in „Des .II. Bordeors ribauz", MR I, p. 11 v. 291; cf. MR I, 153 v. 2/3.

41) **D'Auberée, la vielle maquerelle**, MR V, 1—23. In A und C lautet der Titel, p. 263: li lais de dame Aubrée; p. 1 v. 2 „conte" (F „fablel" p. 264), p. 23 v. 655 „fabel" (D „proverbe" p. 302), v. 662 „flabeaus" (D „essamples", G „fabliaux" p. 302). Einem Kaufmann wird mit Hülfe einer intriganten Näherin, der alten Auberée, arg mitgespielt. Der Dichter schliesst mit der seltsamen Betrachtung, dass selten eine Frau eine Dummheit begehen wird, wenn nicht eine andere sie dazu antreibt. Nach MR V, 303 findet sich diese Erzählung auch in dem Roman von den sieben weisen Meistern; wir haben sie weder in der von Keller veröffentlichten poetischen Fassung noch in den von G. Paris herausgegebenen prosaischen Bearbeitungen entdecken können.

42) De .III. Dames qui troverent .I. vit, MR V, 32—36; p. 32 v. 3 „fabliau", p. 36 v. 117 „essample". Über den im Titel angegebenen Fund entsteht unter drei Damen ein grosser Streit. Sie beschliessen einer Äbtissin die Schlichtung desselben anheimzustellen, aber diese behält den Fund für sich.

43) De Boivin de Provins, MR V, 52—64; p. 64 v. 380 „fablel" und am Schlusse heisst es: „Explicit le fablel de Boivin". Boivin de Provins verkleidet sich als Bauer und hintergeht Mabile, die ihn täuschen wollte; cf. HL XXIII, 187.

44) Du Prestre qui dist la Passion, MR V, 80—82; p. 80 v. 1 „merveille" (: s'apareille), p. 82 v. 58 „flabel". Ein Priester beginnt damit, die Sonntagsvesper anstatt des Passionstextes herzusagen; denn plötzlich ruft er „Barrabas" und „crucifige eum". Als ihn sein Küster darauf aufmerksam macht, dass eine lange Predigt unvorteilhaft sei, bricht er ab.

45) De l'Escuiruel, MR V, 101—108; p. 108 v. 201 „fablel"; auch in der letzten Zeile des ms. B finden wir p. 335 das Wort „fablel". Der junge Robin benutzt die Unwissenheit eines unerfahrenen Mädchens, um ihre Liebe zu gewinnen.

46) Le Jugement des Cons, MR V, 109—114; p. 109 v. 1 „fabliaus". Der Titel deutet auf den Inhalt genugsam hin.

47) Du Prestre qui ot mere a force, MR V, 143—150; p. 143 v. 1 und p. 150 v. 200 (: loiaus) „fabliaus" (B „flabeaus" p. 341). Ein ausschweifender Priester behandelt seine Mutter auf die schlimmste Weise. Sie geht zum Bischof und beklagt sich bitter über ihren ungerathenen Sohn. Dieser versammelt alle Priester seines Sprengels und versichert der Frau, dass er ihren Sohn hängen lassen wird, wenn sich ihre Beschuldigungen als wahr erweisen sollten. Die Angst, ihr Kind zu verlieren, veranlasst die Unglückliche, einen anderen Priester als ihren Sohn auszugeben. Trotz seiner Weigerung muss er sie zu sich auf sein Pferd nehmen, nachdem er vorher das heilige Versprechen abgegeben hat, sie wie seine Mutter zu halten. Unterwegs treffen sie den richtigen Sohn, der erst dann sich bereit findet, die Frau, die er immer noch verleugnet, zu sich zu nehmen, wenn der andere ihm jährlich vierzig Pfund dafür bezahlt; cf. HL XXIII, 142—143.

48) De la Grue, par Garin, MR V, 151—156; p. 151 v. 3 „fabliau". Ein auf die Ehre seiner Tochter bedachter Ritter lässt sie in einen Turm einsperren und von einer Dienerin bewachen. Während diese gerade abwesend ist, um das Mittagbrod zuzurichten, kommt ein junger Mann mit einem Kranich in der Hand an dem Turme vorbei. Sie gewährt ihm ihre Liebe und erhält dafür den Kranich. Als die Wächterin den Vogel sieht und hört, was er gekostet hat, geräth sie ausser sich vor Zorn. Eilig holt sie alles herbei, um den Kranich zuzubereiten. Da kehrt der Jüngling zurück, „giebt dem Mädchen, was er ihr gestohlen hat, wieder" und nimmt den Vogel mit sich fort.

49) De la vielle qui oint la palme au chevalier, MR V, 157—159; p. 157 v. 2 „fable" (A „fabliau" p. 347). Eine alte Frau, welcher ein habgieriger Gutsverwalter zwei Kühe weggenommen hatte, erführt von ihrer Nachbarin, dass sie dieselben wiedererlangen würde, „se la paume li avoit ointe." Sie hält es für besser, sich an den Gutsherrn selbst zu wenden, nimmt ein Stück Speck und bestreicht ihm damit die Hände, die er auf dem Rücken hielt. Nachdem dieser die Ursache dieses seltsamen Verfahrens gehört hatte, giebt er ihr die beiden Kühe zurück und schenkt ihr noch obendrein eine Wiese.

50) **De Connebert**, par **Gautier**, M R V. 160—170: p. 170 v. 308 „avanture" (: droiture).
Unser Dichter hat noch ein anderes Stück „Del Prestre taint" verfasst, dessen Text nach M H V, 349 im sechsten Bande veröffentlicht werden soll. Die vorliegende Erzählung fängt mit folgenden Worten an:

> Gautiers qui fist del Prestre taint
> Tant a alé qu'il a staint
> D'une (!) autre prestre la matiere
> Qui n'ot mie la coille entiere,
> Quant il s'en parti de celui
> Qui li ot fait honte et enui.

Nun wissen wir, dass in „Des .II. Bordeors ribauz" M R I, 11 v. 295 und 296 das Stück „Del Preste taint" ausdrücklich als Fablel bezeichnet wird, und so ist, wenn man den mitgeteilten Anfang unseres Schwankes in Betracht zieht, nicht zu zweifeln, dass auch er in die Reihe der eigentlichen Fabliaux gehört. — Ein Priester wird hart dafür gestraft, dass er einer Frau den Hof gemacht hat.

51) **De la Viellette ou de la vielle Truande**, M R V. 171—178; p. 171 v. 6 „fabelet" (Godefroy. Dictionnaire de l'ancienne langue française III, 691: die Lexikographen kennen das Wort nur an dieser Stelle), v. 7 „fable", v. 20 „fabliaus". Eine alte Frau verliebt sich in einen jungen stattlichen Ritter, der an ihr vorüberreitet. Sie verlangt von ihm, er solle herabsteigen und sie küssen. Als er diese Bitte nicht gewähren will, kommt ein anderer Ritter herangesprengt. Die Bettlerin beklagt sich bei diesem, dass ihr vor ihr stehender Sohn sie grausam verlassen will. Vergebens behauptet der erste Chevalier, die Frau nicht zu kennen; er muss sie zu sich auf sein Pferd nehmen, und nun umarmt sie ihn zärtlich viele Male. cf. H L XXIII. 164—165.

52) **Li sohais desves**, par **Jean Bedel**, M R V, 184—191; p. 184 v. 1 „avanture", p. 191 v. 210 „fabliaus" (: BEDIAUS), v. 214 „conte" (: alonge). Dieses Fablel behandelt denselben Stoff wie dasjenige, welches uns bisher nur durch die Anführung des Jean de Boves in seinem Stücke „Des .II. Chevaus" M R I, 153 bekannt ist:

> Et trova le songe des vis
> Que la dame paumoier dut.

Diese Zeilen deuten auch hinlänglich den Inhalt der Erzählung an. In Betreff des Verfassers erheben Montaiglon und Raynaud V, 359 die Frage: „Ne peut-on admettre que Jean de Boves et Jean Bedel ont traité l'un et l'autre le même sujet?" Ohne Zweifel: schon dreimal haben wir beobachtet, dass ein Stück in zwei verschiedenen Versionen vorliegt, die man durchaus nicht als das Werk eines und desselben Dichters zu betrachten braucht, und wir werden im Laufe unserer Untersuchung noch sehr oft dieselbe Erfahrung machen; bis zu vier Redaktionen werden wir antreffen. Übrigens werden uns zwei Verfasser für die Male Honte genannt, Guillaume und Hugues de Cambrai (no 32 und unten no 32a); cf. Rom. IX, 218.

53) **Le Povre Clerc**, M R V, 192—200; p. 192 v. 1 „conte" (: raconte), v. 2 „fabliaux", p. 200 v. 242 „fabliaus". Ein armer Kleriker beobachtet, wie eine Frau und ihre Dienerin ein sehr gutes Mahl anrichten, und wie dann ein Pfarrer in das Haus schleicht. Unterwegs trifft er den Ehemann, der unversehens zurückkehrt, und wird von ihm aufgefordert, mit ihm zu speisen; aber sie finden nichts zu essen vor. Da der Kleriker weiss, dass er betrogen wird, so fängt er

an, eine Geschichte zu erzählen, die ihm, wie er sagt, am Morgen passiert ist, und die natürlich mit dem übereinstimmt, was er vorher gesehen hat. Der Pfarrer wird aus dem Hause gejagt, und die Magd muss das Essen herausgeben.

54) **Les .IIII. souhais St. Martin**, M R V, 201—207; p. 201 v. 3 „fablel" (Jahrbuch XIII, 286 „flabel"), ebenso p. 207 v. 187. Der heilige Martin gewährt einem Bauer, der ihn seit Jahren treu anbetet, die Erfüllung von vier Wünschen. Diese sind so thöricht, dass er sich am Ende in ebenso trauriger Lage wie zuvor befindet.

55) **Del convoiteus et de l'envieus**, par Jean de Boves, MR V, 211—214. Dieses Stück befindet sich, wie auch alle andern unseres Dichters, in der Aufzählung seiner Werke in „Des .II. Chevaus" und wird dort ausdrücklich als Fablel bezeichnet. Ein Habgieriger und ein Neidischer begeben sich zusammen auf die Reise. Sie treffen den heiligen Martin und dieser verspricht ihnen die Erfüllung eines Wunsches: derjenige, welcher nichts verlangen würde, sollte das doppelte von dem haben, um das der andere gebeten. Nun entsteht ein grosser Streit unter den beiden. Da wünscht der Neidische, ein Auge zu verlieren; es geschieht sofort und in demselben Augenblicke verliert der Habgierige alle beide.

56) **Le chevalier qui faisoit parler les cons et les culs**, par Garin, BM III, 409—436; p. 409 v. 1 „fablel", v. 8 „flabeau", v. 14 „aventure", v. 14 „conte" (: racunte). Die in dem Titel angedeutete Fähigkeit haben zwei Feeen zum Danke für sein edelmütiges Betragen einem armen Ritter verliehen; die dritte verspricht ihm, dass er überall, wohin er käme, gut aufgenommen werden würde. Diese drei Gaben erwerben ihm Achtung bei den Menschen und machen ihn zu einem reichen Manne.

57) **Du vilain à la coille noire**,[1]) BM III, 440—444; p. 444 v. 117 „fablel". Diese Erzählung wird unter dem Titel „fablel" in „Des .II. Bordeors ribauz" MR I, 11 v. 293 angeführt. — Eine zanksüchtige Frau beschwert sich bei dem Bischof von Paris über einen körperlichen Fehler ihres Mannes. Der Prälat ladet beide zum Verhör vor und schlichtet den Streit. Den Schluss bilden wieder moralische Betrachtungen.

58) **Ci commence d'une dame de Flandres, qu'uns chevalier tolli a un autre par force**, BM III, 444—446.[2]) Es ist das einzige uns bekannte Fablel, das in Alexandrinern abgefasst ist; p. 446 v. 60 compe (!), v. 61, v. 64 „fabliax". Ein Ritter hatte eine Dame aus Flandern geraubt, um sie zu heiraten; sie wurde darauf zum zweiten Male von einem Ritter entführt, der sie zur Frau nahm. Alle drei brechen nach Rom auf und beklagen sich zuerst bei den Advokaten und dann beim Papste über das „Unrecht", das ihnen widerfahren ist. Derjenige erhält die Hand der Dame, der das geringste Unrecht begangen hatte. Moral des Dichters.

59) **De la male dame, alias de la dame qui fu escoilliée**, BM IV, 365—386; p. 365 v. 5 „essample" (fem.) p. 366 v. 22 „conte" (: honte), v. 23 und p. 379 v. 423 „essample", p. 386 v. 661 „flabel". — Die „male dame" hatte eine solche Herrschaft über ihren ritterlichen Gatten erlangt, dass er nichts sagen oder thun konnte, ohne dass sie ihm widersprach. Sie besassen eine

---

[1]) Legrand d'Aussy hat das Stück in seinem schon oft genannten Werke nicht besprochen.
[2]) cf. Rom. I, 218; Stengel hat in seinen Mittheilungen über Codex Digby 86, p. 82—83, unser Stück vollständig abgedruckt; hier hat es den Titel: „De .II. chevalers torz ke plederent a roume;" p. 83 v. 49 wird es „counte" genannt.

Tochter von wunderbarer Schönheit. Ein benachbarter Graf, der von ihr hatte sprechen hören, wünschte sehr, sie zu sehen. Als er eines Tages mit drei Rittern auf die Jagd gegangen war, wurde er durch ein Unwetter überrascht und von seinem Gefolge getrennt. Zufälligerweise finden sie in dem Garten des ersten Ritters Schutz, der ihnen ein Unterkommen geben kann, nachdem er es ihnen in Gegenwart seiner Frau verweigert hat. Der Graf erhält die schöne Tochter zur Frau, da der Vater widerspricht. Als sie bei dem Grafen eine ähnliche Rolle wie ihre Mutter spielen will, wird sie von diesem furchtbar geschlagen und zum Gehorsam gebracht. Auch die Schwiegermutter wird durch ein seltsames Mittel gezwungen, sich in Zukunft ganz und gar ihrem Ehegemahl zu unterwerfen. Am Eingang und Schluss finden sich moralische Betrachtungen des Dichters.

60) **Le Revenant**, Méon, N R I, 178—82; p. 174 v. 3 (: escriture) und p. 182 v. 250 „avanture", p. 182 v. 256 „fablel" (: novel). Ein Ritter erscheint in der Nacht seiner Dame, deren Liebe er verscherzt hat, in der Gestalt ihres am Tage vorher gestorbenen Gatten, und es gelingt ihm durch diese List, ihr Herz wiederzugewinnen. cf. HL XXIII, 176.

61) Wir treffen das Wort „fabliel" (: Hamiel) im Jahrbuch XIII, 288 in einem Stücke an, das, nach uns überkommenen Bruchstücken zu schliessen, ein wirkliches Fablel gewesen ist.

Wir haben oben bemerkt, dass, da die Form des Fablel immer die poetische ist, nur der Inhalt dafür bestimmend sein kann, ob ein Stück dieser Dichtungsart zuzuweisen ist oder nicht. Nun begegnen uns eine Reihe Erzählungen, die von den Dichtern zwar nicht ausdrücklich mit dem Namen Fablel belegt werden, aber entweder nur Versionen oder freiere Bearbeitungen von solchen sind, die wir soeben besprochen haben. Wir wollen sie der Reihe nach durchgehen; es sind die folgenden:

11a) **De la Borisete des Estopes**, MR IV, 158—165; p. 165 v. 213 (:deiable) und v. 222 „fable". Der Inhalt ist ein ähnlicher wie in „Le sot chevalier"; an Stelle des dummen Ritters wird ein Bauer verspottet. MR IV, 278 wird es mit Recht „fablel" genannt.

12a) **Le Meunier et les II. Clers**, MR V, 83—94. Zwei durch eine Hungersnot verarmte Kleriker verschaffen sich ein Pferd und einen Sack Korn. In einer einsamen Mühle wird ihnen beides von einem Müller gestohlen, der sich jedoch bereit findet, sie zu beherbergen. Der weitere Verlauf der Erzählung ist genau derselbe wie in „De Gombert et des II. Clers". Legrand d'Aussy bezeichnet l. c. IV, 22 und 23 unser Stück mit Recht als Fablel.

22a und 22b) Die 40. und 41. Fable der **Marie de France** sind sicherlich „Fabliaux"; sie behandeln dasselbe Thema wie „Du Prestre qui abevele", die erstere wird p. 208 v. 33 „essanple" genannt, die letztere wird von Roquefort in seiner Ausgabe der Fabeln (p. 19 der literarhistorischen Einleitung) mit Recht als Fablel angeführt.

22c) **Fable de la fame qui dist qu'elle morroit, pour ce que ses maris vit aler son dru o lui au bois**, abgedruckt bei Jubinal, Lettre à M. le comte de Salvandy.

23b) **De la pucele qui abevra le polain**, MR IV, 199—207; p. 199 v. 1 „aventure" (envoiseüre), p. 206 v. 223 „essanple". Der Inhalt stimmt mit dem von no. 23 genau überein; der junge Mann wird durch einen Kleriker, der Ritter durch einen reichen Bauer vertreten.

25a) **De la Femme qui feseit duel de sun mari** in den Fables de Marie de France, ed. Roquefort. p. 171—174. Hier geht die Schlechtigkeit der Frau soweit, dass sie darein willigt, ihren Mann auszugraben und ihn an die Stelle eines gehängten Diebes zu setzen. cf. Robert, Fables inédites II, 431. Rom. III. 176.

25b) **Roman des Sept Sages**, ed. Keller, v. 3658—3903; unsere Erzählung wird v. 3675 „example" (fem.) genannt. Die Einzelheiten dieser Geschichte des weisen Jessé sind ungefähr dieselben wie in no. 25a. Der Ritter heiratet die Dame nicht, wie er ihr versprochen hatte, nachdem sie ihren toten Gatten selbst statt eines gehängten Mannes am Galgen befestigt hatte.

28a) **De Berengier au long cul**, MR IV, 57—66. Diese Erzählung, welche lediglich eine andere Version der oben besprochenen ist, endigt mit den Worten:
„Ici est ma reson finie".

31b) **Du Segretain Moine**, MR V, 215—242. Wir haben es in diesem Stück mit einer wenig veränderten Redaktion von no. 31 und 31a zu thun.

31c) **Li Diz dou Soucretain**, Méon NR I, 318—337: p. 318 v. 8 „aventure", v. 3 „fable"[1]). Dieser Schwank behandelt denselben Stoff wie no. 31, 31a und 31b.

32a) **La male Honte**, par Hugues de Cambrai, MR V, 95—100: p. 95 v. 1 „œvre", v. 10 „conte" (:honte). Es handelt sich um eine andere Version von no. 32.

33a) **Do Preste qui manja mores**, MR V, 37—39: p. 37 v. 7 und p. 39 v. 59 „essample". Es ist eine zweite Bearbeitung von no. 33.

34b) **De la Dame qui fist entendant son mari qu'il sonjoit**, par Garin, MR V, 132—142; p. 132 v. 4 „livres", p. 133 v. 28 und p. 142 v. 297 „estoire". Nur dem Titel nach ist dieses Stück von no. 34 verschieden.

37a) **C'est de la dame qui aveine demandoit pour Morel sa provende avoir**, MR I, 318—329; p. 326 v. 241 (:monte) und p. 329 v. 332 „conte". Unsere Erzählung stimmt inhaltlich genau mit no. 37 überein.

38a) **La Contralieuse, alias d'un homme qui estriva à se fame, alias dou Vilain et de sa femme**, Roquefort. Fables de Marie de France, no. 95, p. 379: v. 29 „essample"[2]). Der Stoff dieser „Fabel" ist uns schon aus no. 38 bekannt.

42a) **Des trois Dames**, MR IV, 128—132. Dieses Stück ist eine zweite Version von no. 42: beide Texte zeigen nur zahlreiche Varianten und das erstere fügt noch eine moralische Betrachtung am Schluss hinzu, die dem unsrigen fehlt.

50a) **Du Prestre crucefié**, MR I, 194—197: p. 194 v. 1 und p. 197 v. 93 „example". Mit Recht nennt Legrand d'Aussy, l. c. IV, 161 unsere Erzählung ein Fablel, da sie nur in Einzelheiten von no. 50 verschieden ist.

53a) **Du clerc qui fu repus deriere l'escrin**, par Jean de Condé, MR IV, 47—52. Der Stoff dieses Stückes hat eine genaue Ähnlichkeit mit dem in no. 53. Ein Liebhaber wird von einem zweiten und beide werden von dem Gatten überrascht. cf. MR I, 13—23.

---

[1]) cf. De La Rue, Essais historiques sur les Bardes etc. III. 252, BM III, p. X. Lenient, l. c., p. 72 druckt „fabel" statt „fable" ab: es handelt sich dabei wahrscheinlich um eine willkürliche Änderung, die keine Stütze in den Quellen findet.

[2]) cf. Legrand d'Aussy, l. c. IV, 329 and III. 185 ff. Roquefort, l. c. p. 19 und die 86. Fabel der Marie de France.

54a) **Du Vilain qui prist un Folet**, Roquefort. Fables de Marie de France, no. 24. p. 140—142. Diese „Fable" ist eine zweite Bearbeitung von no. 54: an Stelle von vier Wünschen finden wir drei, von denen zwei in Erfüllung gehen, ohne dass die Wünschenden den geringsten Vorteil davon haben.

Wir haben bisher 82 Erzählungen besprochen, von denen 64 ausdrücklich als Fablel bezeichnet wurden, während die übrigen inhaltlich so nahe mit einander verwandt waren, dass wir ihnen die Zugehörigkeit zu dieser Dichtgattung ohne weiteres zuerkennen mussten. Da die Untersuchung in ihrem weiteren Verlaufe nachweisen wird, dass die noch fehlenden 17 Stücke irrtümlich mit dem Namen Fablel belegt worden sind, so können wir nunmehr an die Beantwortung der Frage gehen: „Was verstanden die mittelalterlichen Dichter unter einem Fablel?" Sie verstanden darunter die poetische Darstellung eines Abenteuers, das sich zumeist innerhalb der Grenzen des gewöhnlichen Lebens zuträgt. Das Fablel gehört also der rein epischen oder der episch-didaktischen Poesie an. Sein Hauptzweck ist zu unterhalten: erst allmählich schliesst sich an die Erzählung eine Lehre an. Mit einer einzigen Ausnahme sind die Fabliaux in paarweise gereimten Achtsilbern abgefasst. Mit dieser Definition befinden wir uns im Wesentlichen mit Montaiglon, MR I, p. VII, in Übereinstimmung. Von der Fabel, mit der das Fablel die moralische Schlussbetrachtung gemeinsam hat, unterscheidet es sich dadurch, dass in ihm nur Menschen als handelnde Personen auftreten. Der Unterschied des Fablels vom Dit besteht darin, dass es einen bestimmten Vorgang aus dem Leben der Menschen erzählt, während in diesem nur allgemeine Betrachtungen meist sittlichen Inhalts vorgetragen werden, die sich — wenn sie im Fablel vorkommen — aus dem mitgeteilten Abenteuer ableiten lassen. Vom erzählenden Lai ist es dadurch verschieden, dass es vom Wunderbaren absieht, und wir in ihm schlechthin unmögliche Vorgänge nicht antreffen.

Mit Hülfe dieser Definition können wir leicht feststellen, welche bisher veröffentlichten Stücke sicher als Fabliaux zu betrachten sind, auch wenn sie uns nicht ausdrücklich so bezeichnet werden, und welche anderen Dichtgattungen zugewiesen werden müssen, selbst wenn sie den Namen Fablel tragen. So sind unter anderen sicher als Fabliaux anzusehen: Du Vair Palefroi, MR I, 24—69; La Houce partie, ibid. p. 82—96; De la Borgoise d'Orliens, ibid. p. 117—125; De l'Enfant qui fu remis au soleil, ibid. p. 162—167; Du Chevalier qui fist sa fame confesse, ibid. p. 178—187; Du Fevre de Creeil, ibid. p. 231—237; La Saineresse, ibid. p. 289—293; D'une seule fame qui a son con servoit .C. Chevaliers de tous poins, ibid. p. 294—300; Du Preudome qui rescoit son compere de noier, ibid. p. 301—303; Ch'est de la Houce, MR II, 1—7; Des III. Chevaliers et del Chainse, MR III, 123—136; Des III. Chanoinesses de Couloigne, ibid. p. 137—144; Des III. Dames de Paris, ibid. p. 145—155; Du Vilain Mire, ibid. p. 156—169; De Charlot le Juif, ibid. p. 222—226; Du Bouchier d'Abevile, ibid. p. 227—246; De Jouglet, MR IV, p. 112—127; Des Chevaliers, des Clers et des Vilains, BM III, p. 28—29; La Patenostre a l'userier, BM IV, p. 99—106; Le Credo a l'userier, ibid. p. 106—114; Le Credo au Ribaut, ibid. p. 445—452.

Aus den ersten beiden Bänden der Sammlung von MR sind nicht weniger als 10 Stücke sicher auszuscheiden: 1) Des Deux Bordeors Ribauz, MR I. 1—12. Es ist ein einfacher Dialog, jede Handlung fehlt. Schon Legrand d'Aussy sagt I. c. II, 369: „C'est une pièce fort curieuse, qui, à proprement parler, n'est point un fabliau". Unser Stück ist ein hübsches Beispiel für den Übergang des Fablel in die dramatische Poesie, der wohl am Ausgang des vierzehnten Jahrhunderts vor sich ging. 2) La Chastelaine de St. Gille, MR I, 135—146, ist, wie die Herausgeber MR II, 293 selbst zugeben, eine chanson; es ist demgemäss auch in Strophenform abgefasst. Das Gedicht legt die Vermutung nahe, dass ein Teil der Fabliaux aus Liedern hervorgegangen ist; sein Inhalt ist im übrigen fablelartig. Der Châtelain von St. Gille will, um aus seinen Schulden herauszukommen, seine Tochter an einen reichen Bauer verheiraten. Schon ist der Priester bereit, beide zu trauen, als der Freund des jungen Mädchens, ein stattlicher Ritter, erscheint, und sie auf seinem Pferde mit sich wegführt. 3) Le Dit des Marchéanz, MR II, 123—129 und 4) Des Vins d'Ouan, MR II, 140—144 sind Dits. 5) Une Branche d'armes, ibid. p. 130—132, 6) La Patre-Nostre Farsie, ibid. p. 145—147 und 7) De l'oustillement au Villain, ibid. p. 148—156, sind ganz und gar keine Fabliaux. 8) Le Débat du C. et du C., ibid. p. 133—136, ist ein sogenanntes Streitgedicht. 9) De Martin Hapart, ibid. p. 171—177, ist ein Mirakel. 10) La Contregengle, MR II, 257—263 ist ein Fragment von „Des Deux Bordeors Ribauz".

Die zweite Gruppe.

Es giebt eine wohlbekannte Art dichterischer Werke von unterhaltendem oder belehrendem Charakter, die eine beträchtliche Zahl wirklicher Fabliaux enthalten. Wir haben schon vom Dolopathos und vom Roman des Sept Sages gesprochen; in beiden haben wir das Wort fablel antreffen können. Es bleibt uns noch übrig, das „Castoiment d'un père à son fils" zu betrachten, von dem wir vier Reduktionen kennen. Die erste ist BM II veröffentlicht; die zweite hat Wallenfels im Jahrbuch V, 339—344 bekannt gegeben; die dritte befindet sich in einer fürstlichen Bibliothek in Mayhingen; Bartsch hat in seiner afrz. Chrest.[5], Spalte 271—276, zwei Erzählungen aus derselben mitgetheilt; die vierte ist von Méon in Paris 1824 unter dem Titel herausgegeben worden: „Le chastoiement d'un père à son fils en vers français de l'ouvrage de Pierre Alphonse".[1]) Die erste Redaktion enthält 28, die zweite 29 Erzählungen; jede beginnt mit einem Prolog, der im Jahrbuch V, 340 folgende bemerkenswerte Stelle enthält:

> Car Aufons que (!) le livre fist
> De nos boins anchisors le prist
> Qui en grant sens se delitoient
> Ne rien fors sens ne convoitoient
> Pour (chou) que plus se delitast
> Qui oist et qui escoutast

---

[1]) Diese Publikation haben wir weder in Berlin noch in Göttingen einsehen können.

I mist deduis et bias **fabliaus**
De gens de bestes et d'oiseaus
Mais sachies qu'il n'y a deduit
Qui ne soit cangies en boin fruit.

In der That sind alle jene Erzählungen entweder Fabliaux oder Fabeln, welche unser Dichter oder vielmehr unser Uebersetzer als „fabliaus de bestes et d'oiseaus" bezeichnet. Und dieses ist die zweite Bedeutung des Wortes Fablel bei den mittelalterlichen Dichtern. Wir haben vier Fabeln gefunden, die den Namen „Fablel" tragen:

1) **Dou Lou et de l'Oue, par Jean de Boves**, BM III, 53—55. Diese Erzählung wird unter dem Namen Fablel in „Des .II. Chevaus" M R I, 153 v. 10 aufgeführt. Ein hungriger Wolf fängt eine Gans; sie klagt ihm, dass sie ohne Sang und Klang sterben müsse, während ihre Genossinnen bei festlichem Spiel verzehrt würden. Der mitleidige und eitle Wolf öffnet den Mund, um ihr etwas vorzusingen; die Gans fliegt auf einen Baum und verspottet ihn. Traurig über den Verlust seiner Beute, holt er sich eine andere Gans, die er nun sofort verzehrt. Eine Moral des Dichters, in welcher er die Bauern mit den Wölfen vergleicht, beschliesst das Stück. cf. Legrand d'Aussy, l. c. IV, 370—371.

2) **De l'Asne et du Chien**, BM III, 55—60, beginnt mit folgenden Worten:
De l'asne et du chien sans targier
Vous vueil un **fablel** comencier....

Ein Esel beklagt sich über sein Geschick; der Haushund hört es und behauptet, noch beklagenswerter zu sein. Sie wetten um einen Parisis, den derjenige erhalten soll, der das meiste zu erdulden hat. Jeder erzählt ausführlich seine Leiden, zuerst der Esel, dann der Hund. Der Esel giebt zu, dass der Hund am schlimmsten daran sei und giebt ihm den Parisis.

3) **Dou Lou qui jura par serement, alias d'uns Leus qui devint prodome**, 73. Fabel der **Marie de France**, ed. Roquefort, p. 310—312; p. 311 v. 26 „flabel". Ein Wolf gelobt, vierzig Tage lang zu fasten und sich während dieser Zeit jedweden Genusses von Fleisch zu enthalten. Kaum hat er den Schwur gethan, als ihm ein fettes Schaf begegnet. Er bereut sein Gelübde, beschliesst, das Tier für einen Lachs anzusehen und verschlingt es auf der Stelle; cf. Legrand d'Aussy, l. c. IV, 372.

4) In Robert, **Fables** II, 451 wird eine wirkliche Fabel am Schlusse als „favliau" (pikardische Form?) bezeichnet.

Wie kommt es, dass Erzählungen, welche wir unzweifelhaft als Fabeln anzusehen haben, mit dem Namen Fablel belegt werden? Erstlich giebt es eine nicht unbedeutende Anzahl Fabliaux, welche den Namen „fable" führen, der sich hier schlechthin mit „conte" oder „Erzählung" deckt; ferner enthalten die Fabelsammlungen aller Völker nach den Beobachtungen von Robert und Roquefort Stücke, in denen nur Menschen als handelnde Personen auftreten. Unter den 103 Fabeln der Marie de France finden wir nicht weniger als 17 Fabliaux im eigentlichen Sinne des Wortes, -nämlich no. 24, 25, 33, 38, 39, 40, 41, 46, 47, 48, 55, 71, 72, 95, 96, 100 und 101. Im

Lyoner Ysopet, ed. W. Förster, der 61 Stücke bietet, treffen wir 5 Fabliaux an: no 7, 50, 51, 60 und 61. In den 123 Fabeln der Robert'schen Sammlung begegnen uns 4 Fabliaux: Ysopet I, no. 1, 33, 56, Ysopet-Avionnet, no. 14. Dass den vier vorhin besprochenen Stücken der Name Fablel irrtümlich zukommt, geht ohne jeden Zweifel schon daraus hervor, dass von etwa 300 von uns durchgesehenen wirklichen Fabeln nur diese die Bezeichnung „Fablel" führen.

Bemerkungen über die Lais in ihrem Verhältnisse zu den Fabliaux.

Wir haben oben gesehen, dass das Fablel „de Dame Aubrée" in den Hss. A und C als „uns lais" bezeichnet wird.[1]) Wir wollen die „lais narratifs" aufzählen, die mit Recht diesen Namen führen:

1) Guigemar; 2) Equitan; 3) Le Fraisne; 4) Bisclavret; 5) Lanval; 6) Les dous Amanz; 7) Yonec; 8) Laustic; 9) Milun; 10) Chaitivel; 11) Chievrefoil; 12) Eliduc (K. Warnke, Die Lais der Marie de France, Roquefort, Les Lais de Marie de France, p. 42—485, Legrand d'Aussy, l. c. passim); 13) Lai de Graelent (Roquefort, l. c. I, 486—541, BM IV, 57—80, Legrand d'Aussy, l. c. I, Anhang, p. 16—23 und I, p. 195—207); 14) Lai de l'Espine (Roquefort, l. c. I, 542—580); 15) Lai du Mantel mautaillié (MR III, 1—29, Wolf, Über die Lais, 342—377, herausgegeben von Francisque Michel); MR III, 1 v. 1 „aventure", p. 4 v. 78 „estoire"; der Titel ist in C: C'est li „romanz" de cort mantel (Wolf, p. 361), v. 4 nach C „estoire" p. 290, A „romanz" p. 321, D „comte" p. 323. Michel hat zuerst dieses Stück, das seinem Inhalte nach unzweifelhaft den wirklichen Lais zuzuzählen ist, mit dem Titel „fablel" belegt, obwohl er in keiner der 4 Hss. vorkommt; diesem Beispiele sind MR mit Unrecht gefolgt; 16) Lai du Corne (F. Wolf, Über die Lais, p. 327—341); 17) Lay d'Ignaurès (Lay d'Ignaurès, suivi des lais de Melion et du Trot, p. p. MM. Monmerqué et Fr. Michel, Paris 1832); 18) Lai du Trot, ibid.; 19) Lai de Doon, Rom. VIII, 59 ff; 20) Lai de Guingamor, Rom. VIII, 50 ff; 21) Lai d'Havelok (The anglonormann metrical chronicle of Geoffrey Gaimar); 22) Lai du Lecheor, Rom. VIII, 64 ff; 23) Lai de Tydorel, Rom. VIII, 66 ff; 24) Tyolet, Rom. VIII, 41 ff; 25) Lai del Désiré (Michel, Lais inédits, p. 1—37); 26) Roman de l'Eschouffle, ibid. p. 147—154.

Folgende von den Dichtern als Lais bezeichneten Stücke sind wirkliche Fabliaux: 1) Lai de l'Espervier, Rom. VII, 3—9; 2) Lai d'Amors, Rom. VII, 409—415; 3) Lai du Conseil (Michel, Lais inédits, p. 81—121, Legrand d'Aussy, l. c. II, 396); 4) Lai de l'Ombre (Michel, l. c. p. 38—80, Legrand d'Aussy, l. c. I, 179); 5) Lai du Vair Palefroi, par Huon le Roy, MR I, 24—69, und 6) Le lai d'Aristote par Henry d'Andeli, MR V, 243—262. Es sei uns gestattet, den Inhalt

---

[1]) Ferdinand Wolf, Über die Lais, p. 150 behauptet auch, dass in der einen der beiden Hss., welche den „Courtois d'Arras" enthalten, Michel, Rom. de la Violette, p. LVII, dieses Stück den Namen „lais" trägt, in der andern aber, BM I, 356, als „fablel" bezeichnet wird. Die letztere Behauptung beruht auf einem Irrtum. Übrigens ist der „Courtois d'Arras" weder ein Lai noch ein Fablel; er ist eine ziemlich ungeschickte poetische Bearbeitung des „Enfant prodigue".

der beiden letztgenannten Stücke mitzuteilen, aus dem man sofort ersehen kann, dass man es mit echten Fabliaux zu thun hat. — 5) Ein wackerer, aber armer Ritter liebt die Tochter eines reichen adligen Nachbarn. Der Vater giebt ihm das Mädchen wegen seines geringen Vermögens nicht zur Frau. Da rät ihm seine Geliebte, sich von seinem reichen, unverheirateten Oheim Geld zu verschaffen; auf seinem „vair palefroi" reitet er zu diesem und erlangt die Gewährung seiner Bitte. Während er sich zu einem Turnier begiebt, begeht sein Oheim an ihm einen schnöden Verrat: er hält um die Geliebte seines Neffen an, und der Vater willigt in die Heirat. Vergebens wartet der Ritter Wilhelm auf Bescheid; da kommt eines Tages ein Diener und bittet ihn, seiner Geliebten seinen weissen Zelter zur Verfügung zu stellen, auf welchem sie morgen zur Trauung reiten wolle. Der bestürzte Ritter erfüllt diese Bitte. In der Nacht brechen die Hochzeitsgäste auf; dem wachsamsten wird die Hut der Braut anvertraut. Aber auch dieser schläft auf seinem Pferde ein, und das Ross trägt das junge Mädchen auf einem ihm wohlbekannten Seitenwege nach dem Schlosse des wackeren Wilhelm. Er begrüsst sie aufs herzlichste und lässt sich mit ihr sofort von seinem Kaplan trauen. Die düpierten Hochzeitsgäste ladet er durch einen Boten zu seinem Hochzeitsschmause ein. Nach kurzer Zeit starb der Oheim, der ihn zum alleinigen Erben seines grossen Vermögens machte. Mit seiner Frau lebte er glücklich lange, lange Zeit. vgl. BM I, p. XV. —
6) Als Alexander in Indien angekommen war, hielt ihn die Liebe zu einem schönen Mädchen von weiteren Heldenthaten ab; Aristoteles warf ihm seine thörichte Neigung vor, und er vernachlässigte die Schöne. Diese geht selbst zum Könige und erfährt den Grund seiner Untreue. Sie beschliesst, sich an Aristoteles zu rächen. Gegen das Versprechen, ihm zu Willen zu sein, erlaubt er ihr, einen Sattel auf seinen Rücken zu legen und auf ihm im Garten herumzureiten. Alexander darf sich nun ungestört seiner Liebe hingeben. Den Anfang und Schluss der Erzählung bilden lange moralische Betrachtungen.

Le lai de l'Oiselet (BM III, 114—128, Legrand d'Aussy, l. c. IV, 27—34) ist eine Fabel, die wir in veränderter Fassung in der 20. Erzählung des Castoiement d'un père à son fils, BM II, 140—143, und in der 79. Fabel der Marie de France antreffen.

Li lays du Blanc Chevalier (Scheler, Jean de Condé, I, 1 ff) ist ein kleiner Abenteuer-Roman, ebenso wie „La Mule sanz frein" (Méon, NR I, 1—37) und Do Chevalier à l'espée (ibid. 127—164), den Scheler in den Trouvères belges, Nouvelle série, 1879, p. XIX mit Unrecht als Fablel bezeichnet.

Li lais de l'ourse (Scheler, Jean de Condé, II, 171 ff) ist ein Dit, in welchem der Dichter die heilsamen Wirkungen der Liebe rühmt.

'Unter „Lai" verstanden also die mittelalterlichen Dichter auch ein Fablel, eine Fabel, einen kurzen Abenteuerroman und sogar ein Dit[1]).

---

[1]) Kadler hätte in seiner Arbeit über die „Sprichwörter und Sentenzen der afrz. Artus- und Abenteuerromane" noch folgende Texte in den Bereich seiner Untersuchung ziehen müssen: 1) Le lai du Mantel mautaillié; 2) Le lai du Corne; 3) Le lai d'Ignaurès; 4) Le lai du Trot; 5) Le lai du Blanc Chevalier; 6) La Mule sanz frein und 7) Do Chevalier à l'espée; er musste dagegen die folgenden unberücksichtigt lassen: 1) Le lai de l'Espervier; 2) Le lai d'Amors; 3) Le lai du Conseil und 4) Le lai de l'Ombre. Wenn er den Dolopathos in Betracht zieht, darf er den Roman des Sept Sages nicht unberücksichtigt lassen. Von Aucassin und Nicolete, welches weder ein Abenteuerroman im eigentlichen Sinne, noch (wie Roquefort, M. d. Fr. II, 199 will) ein Fablel ist, hätte er billig absehen können.

Die dritte Gruppe.

Wir kommen nunmehr zu einer dritten Gruppe von Erzählungen, denen der Name „Fablel" beigelegt wird. Hierher gehören zwei Stücke:

1) **Bataille de Karesme et de Charnage**, BM IV, p. 80—99; p. 80 v. 2 „fablel", v. 5 (: memoire) und v. 15 „estoire". An einem Pfingsten hielt König Ludwig ein grosses Hoffest ab, zu welchem auch die mächtigen Vasallen „Karesme" und „Charnage" erscheinen. Sie geraten in Streit, und Karesme erklärt seinem Gegner den Krieg. Karesme ruft alle Fluss- und Seefische und alle Gemüse zu seiner Unterstützung zusammen; Charnage entbietet alle Tiere, Wild und Geflügel zu seiner Verteidigung. Es entsteht eine mörderische Schlacht. Die Nacht trennt die Kämpfer. Als Karesme erfährt, dass Noël seinem Feinde bedeutende Hilfstruppen zuführt, beruft er seine Räte, welche sich gegen den Widerspruch des Walfisches dahin entscheiden, Charnage um Frieden zu bitten und ihm die Festsetzung der Friedensbedingungen anheimzustellen. cf. BM IV, p. VI; HL XXIII, 230 ff.; Legrand d'Aussy, l. c. III, 19—34, der nach dem Vorgange des Dichters das Stück als Fablel (l. c. pp. 25 und 30) bezeichnet.

2) **Li fabliax des bons vins ou la bataille des vins**, par **Henri d'Andeli**, BM I, 152—158 (Augustin, Werke Henri d'Andeli's, p. 49; Stengel, Durmart, p. 459; Héron, Oeuvres de Henri d'Andeli, p. 23—30); v. 1 „fable" (:table). Alle Weine, fremde wie einheimische, werden an den Hof des Königs Philipp August entboten. Der erste Platz wird dem Wein der Insel Cypern eingeräumt und der zweite dem von Aquilat. Von den französischen Weinen macht Philipp August drei zu Königen, drei zu Grafen und zwölf zu Pairs: aber der Dichter verschweigt, welchen Weinen diese Ehre zu teil wird.

Diese beiden Erzählungen gehören den sogenannten „débats" an; von den zwölf „disputes", welche HL kennt, werden nur diese als Fabliaux, und zwar sicherlich irrtümlich, bezeichnet.

Die vierte Gruppe.

In der vierten Gruppe fassen wir die folgenden acht Erzählungen zusammen:

1) **Des Clers**, Wright, Anecdota literaria, p. 66—67; der letzte Vers lautet: „Ci fenist li fabliax des Clers". Der Dichter entrollt uns ein Bild der schlechten Eigenschaften der Geistlichen seiner Zeit. Da die Ausschweifung ihr vornehmliches Laster ist, so schlägt er ein strenges Mittel vor, sie davon zu heilen.

2) **Le Dit des Boulangiers**, Jubinal, Jongleurs et trouvères, p. 138—142; p. 138 „dit", p. 142 „fabliau". Das Stück enthält Lobpreisungen der Bäcker, welche den Menschen mehr Nutzen bringen als die Goldschmiede, und welche sicherlich nach ihrem Tode einen Platz im Paradiese finden werden. Der Dichter ermahnt alle Welt, sie zu achten, und bittet Gott, ihm seine Sünden zu vergeben.

3) **Le fablel del gelous**, Stengel, Digby 86, p. 28—30. Der Verfasser schildert uns den Charakter des Eifersüchtigen und beglückwünscht alle diejenigen, denen es gelingen wird, den Eifersüchtigen zu schaden.

4) **Dit des Cons**, par **Gautier li Loup**, M R II, 137—139; p. 139 v. 53 „fabliau". Der Dichter ermahnt die Ehemänner, ihre Frauen zu lieben.

5) **De Dan Denier**, Jubinal, Jongleurs et trouvères, p. 94—100; p. 95 „conte" (:honte) und ebenso in dem letzten Verse p. 100. Unser Stück war wohl sehr beliebt; wir lesen nämlich in „Des .II. Bordeors ribauz" M R I, p. 11 v. 289:

Ge sai le fablel du Denior.

Gross sind die Wirkungen des Geldes, dessen Macht jedermann unterworfen ist.

6) **Li fabliax de Paradis**, Stengel, Durmart, p. 461—464; v. 2 „raison". Gott schuf Adam und Eva und befahl ihnen seine Gebote zu halten, aber der Teufel verführte sie zur Übertretung. Sie mussten das Paradies verlassen, und alle ihre Nachkommen sollten in der Hölle schreckliche Qualen erdulden. Jesus Christus errettete die Menschen vom ewigen Tode. Aber sie fahren fort zu sündigen und vergessen, dass Gott sie einst schwer dafür bestrafen wird.

7) **C'est li fablians de Coquaigne**, BM IV, 175—181; am Schlusse heisst es: „Explicit li fabliaus de Coquaigne". Der Autor des Stückes beginnt mit der Betrachtung, dass ein grosser Bart kein Zeichen besonderer Weisheit sei; wenn das der Fall wäre, würden die Böcke und die Ziegen die weisesten Geschöpfe sein. Dann erzählt er, wie er einst nach Rom gegangen sei, um den Papst um Vergebung der Sünden zu bitten. Dieser habe ihn in ein Land geschickt, in welchem der faulste Mensch der reichste und angesehenste ist. Die Mauern der Häuser bestehen hier aus gebratenen Fischen, die Dächer sind aus Speck, die Latten aus Würsten gemacht. Ein Fluss durchschneidet das Land, anstatt des Wassers fliesst Wein in demselben; jeder kann nach Belieben daraus trinken. Eines Tages habe er das Land verlassen, um seine Freunde zu holen; aber er habe den Weg nach Coquaigne nicht wieder gefunden. Moral. cf. HL XXIII, 149; Legrand d'Aussy, l. c. I, 302—305 und Anhang p. 27 und 28. Nach dem Vorgange des Dichters nennen BM IV, p. VIII und Legrand d'Aussy, l. c. I, 303 unser Stück ein Fablel.

8) **Du Vallet qui d'aise à malaise se met**, MR II, 157—70; p. 158 v. 23 „conte", p. 170 v. 376 „fabliaus". Ein armer junger Mann heiratet, taub gegen die guten Ratschläge seiner Freunde, ein armes Mädchen, und das Unglück ist fertig. Man kann im Zweifel sein, ob man dieses Stück den eigentlichen Fabliaux zurechnen soll oder nicht; wir haben uns deshalb dagegen entschieden, es den Fabliaux zuzuweisen, weil die moralischen Betrachtungen bei weitem die ganz knapp gehaltene, gleichsam typische, nicht einen Einzelfall betreffende Erzählung überwiegen. Unser Stück hat keineswegs den Zweck zu unterhalten, es soll belehren und den jungen Leuten die Gefahren zeigen, in die sie sich begeben, wenn sie, selbst arm, ein armes Mädchen freien.

Die vorstehenden acht Gedichte gehören der Dichtgattung des sogenannten „Dit" an; wir haben etwa 300 Dits durchgesehen und nur in diesen acht das Wort „Fablel" gefunden. Das Dit gehört ganz und gar der didaktischen Poesie an und enthält meistens moralische Betrachtungen. Insofern die eigentlichen Fabliaux Gelegenheit bieten, aus dem mitgeteilten Abenteuer eine sentenziöse Lehre abzuziehen, kann man sie im weiteren Sinne als „dits" bezeichnen; wenn aber die blossen Sentenzen überwiegen oder wenn nur allgemeine sittliche Erwägungen über irgend ein Thema angestellt werden, so wird man die Gedichte nicht mehr Fabliaux nennen können. Es leuchtet ein, dass die Dits zum Teil aus den Fabliaux entstanden sind, indem sich die Moral von der eigentlichen Erzählung loslöste und selbstständige Behandlung fand, und es darf uns nicht Wunder nehmen, dass eine, wenn auch verschwindende, Anzahl Dits den Namen Fablel beibehielt. Das zuletzt besprochene Stück zeigt recht deutlich den Übergang von der einen Dichtungsart in die andere; noch klarer tritt er in dem Gedicht „De la dent", par Archevesque, M R I, p. 147—152 und Héron, Les Dits de Hue Archevesque, Paris 1885, hervor, das Montaiglon mit Unrecht in seine Sammlung echter Fabliaux aufgenommen hat. Der Inhalt kann keinen Zweifel darüber lassen: In v. 1—61 klagt der Dichter über die Schlechtigkeit der Welt; es giebt nur noch wenige „preudoms". In v. 62—94 (also in 33 von 158 Zeilen) wird uns erzählt, dass es einst in der Normandie einen Schmied gab, der sehr geschickt Zähne ausziehen konnte. Er legte um den Zahn eine eiserne Schlinge und band die Enden des Drahtes an einem Amboss fest; dann hielt er dem Kranken ganz dicht vor die Nase ein glühendes Eisen, so dass er heftig den Kopf zurückzog und den Zahn in der Schlinge liess. In v. 95—158 folgen dann wieder moralische Betrachtungen.

Eine grosse Reihe von Stellen beweisen, dass die Dichter sich wohl bewusst waren, dass die Dits und Fabliaux wesentlich von einander verschieden seien; hier mögen nur zwei Platz haben:

> Ge sai contes, ge sai flabeax,
> Ge sai conter beax diz noveax.

(Des .II. Bordeors Ribauz, M R I, 11 v. 285 und 286);

> De dire contes et flabiaus
> Et de trover biaus dis novieus.

(Le Dit des Feures, Jubinal, Jongleurs et trouvères, p. 128 v. 1, 2).

Einen anderen Unterschied zwischen dem Dit und dem Fablel kennzeichnet Henri d'Andeli in seinem „Dit du chancelier Philippe", v. 251 ff (Héron, l. c. p. 40, Augustin, l. c. p. 3): was uns im Fablel erzählt wird, kann wirklich geschehen oder erdichtet sein, es kann Leute geben, die sogar die Möglichkeit des Vorganges bezweifeln; die Betrachtungen des Dit sind immer wahr oder erheben wenigstens den Anspruch, es zu sein:

> Et icil clers qui ce trova
> De celu que bien se porta
> Par Deu, qui maint en Trinitei,
> Por ce qu'il est de vérité
> Ne l'apole mie flabel;
> Ne l'a pas escrit en tablel,
> Ains l'a escrit en parchemin.
> Cest dit fist Hanris d'Andeli
> Deus ait del Chancelier merci.

Die fünfte, sechste und siebente Gruppe.

Es bleiben uns noch drei Stücke übrig, welche mit dem Namen Fablel belegt werden; sie gehören drei verschiedenen Dichtungsarten an.

1) **Li Songes d'Enfer**, par **Raoul de Houdeng**, Scheler, Trouvères belges, Nouvelle série, p. 176—200; Stengel, Digby 86, p. 17—22; v. 679 bei Scheler und v. 614 bei Stengel: „fablel"; sonst wird unser Stück als „conte", „estorie" oder „romaunz" bezeichnet. Der Dichter hat einen seltsamen Traum: er befindet sich auf dem Wege zur Hölle, welcher sehr betreten ist. Bald kommt er in der Stadt „Covoitise" an, wo er alle Laster vorfindet, die in dem Stücke redend auftreten. Plötzlich wacht er auf, und das Traumbild verfliegt ebenso schnell, als es gekommen ist.

Unter der grossen Anzahl Allegorieen, die wir in der altfranzösischen Literatur antreffen, ist nur diese von einem Dichter, und zwar mit Unrecht, als Fablel bezeichnet worden.

2) **Des Putains et des Lecheors**, M R III, 175—177; p. 176 v. 50 „fablel" (: bel), p. 177 v. 80 „fabliaus", v. 78 „conte". Als Gott die Welt geschaffen hatte, bevölkerte er sie mit drei Arten von Menschen, mit den Adligen, den Geistlichen und den Bauern. Den ersten gab er die Ländereien, den zweiten die Zehnten und die Almosen, und die Bauern verurteilte er dazu, ihr Leben lang für die beiden andern Stände zu arbeiten. Als die Lose so verteilt waren, fanden sich noch zwei andere Arten Menschen, für die der liebe Gott noch nicht gesorgt hatte, nämlich die „Putains" und die „Lecheors". Diese kamen zu Gott und baten ihn, er möchte auch ihnen eine Stellung in der menschlichen Gesellschaft anweisen; er schickte die Lecheors zu dem Adel und die Putains zu der Geistlichkeit. Die Priester haben Gottes Gebot erfüllt und die Putains in ihren Schutz genommen; sie haben sich damit ohne Zweifel das ewige Leben erworben. Aber die Adligen haben sich um die ihnen anvertrauten Lecheors nicht gekümmert und dadurch das Heil ihrer Seele verscherzt.

Wir haben es hier mit einer scharfen Satire zu thun, die in die Form einer Legende gekleidet ist. Auch dieses Stück, das ganz vereinzelt dasteht, hat nur irrtümlich die Bezeichnung Fablel erhalten, und M R hätten besser gethan, es von ihrer Sammlung auszuschliessen.

3) **Roman de Trubert**, par **Douins de Lavesne**, Méon, N R I, 192—285; 2798 paarweis gereimte Achtsilbler. Der Roman ist offenbar ein Fragment. Der Verfasser hebt folgendermassen an:

„En fabliaus doit fables avoir,
„Si a il, ce sachiez de voir,
„Por ce est fabliaus apelez,
„Qui de fables est aünez.
„Douins qui ce fabliau rima..."

Nach unserem Dichter hat man also unter einem Fablel ein Gedicht zu verstehen, das aus mehreren „fables", d. h. Erzählungen besteht. Diese auffällige und ganz aus der Luft gegriffene, weil den thatsächlichen Verhältnissen widersprechende, Definition ist wohl kaum an einer zweiten

Stelle in den französischen Dichtungen des MA. anzutreffen; sie ist als durchaus willkürlich zurückzuweisen. Der Roman de Trubert enthält nun auch thatsächlich eine **Reihe von Abenteuern**, die der Sohn einer armen Witwe besteht. Er ist nichts anderes als ein Abenteuerroman.

Schlussbetrachtung.

Unsere aus den Quellen geschöpften Feststellungen ergeben, dass die mittelalterlichen trouvères sich oft nicht klar darüber waren, welchen Namen sie ihren dichterischen Schöpfungen geben sollten. Vielfach umgingen sie die Schwierigkeit dadurch, dass sie sich jeder Bezeichnung überhaupt enthielten; oder sie wählten eine solche, die nichtssagend war, wie etwa „conte", „example" und andere. Dazu kommt, dass die Dichtungsarten vielfach in einander übergingen, dass neue entstanden, die anfänglich den Namen derjenigen beibehielten, aus denen sie hervorgegangen waren. Daher ist es auch erklärlich, dass die modernen Literarhistoriker über die Zugehörigkeit eines Stückes zu einer gewissen Dichtungsart sich oft im Zweifel befinden. Wir haben oben schon angeführt, dass Roquefort „Aucassin und Nicolete" als ein Fablel ansieht, dass Scheler einen Abenteuerroman so bezeichnet. Wendelin Förster nennt „Audigier", das eine Parodie auf die chansons de geste ist, (Aiol und Mirabel p. XXXIII) ein Fablel. Legrand d'Aussy, Victor Le Clerc, Lenient und andere nennen die Mirakel der heiligen Jungfrau und die Legenden „fabliaux". Wir können doch nur denjenigen Stücken den Namen Fablel zuerkennen, die uns die Dichter selbst so bezeichnen, und auch diesen dürfen wir nicht kritiklos Glauben schenken. Wenn beispielsweise von 300 Fabeln 4 als Fabliaux, wenn von 300 Dits 8 als Fabliaux aufgeführt werden, so liegt eben ein Irrtum der trouvères vor; wir haben versucht, die Ursache dieses Irrtums aufzufinden, und mit Hülfe alles uns erreichbaren Materials haben wir schon oben festgestellt, was wir unter einem Fablel zu verstehen haben.

Lebenslauf.

Am 19. August 1863 wurde ich, **Oskar Pils**, als der Sohn des Kaufmanns Theodor Pils zu Grünberg i. S. geboren. Ich bin evangelisch-lutherischer Confession. Von Ostern 1872 ab besuchte ich die Friedrich-Wilhelms-Realschule meiner Vaterstadt, bestand Michaeli 1881 das Maturitätsexamen und widmete mich seither dem Studium der neueren Sprachen in Berlin und Marburg. Hier bestand ich am 13. Januar 1888 die Staatsprüfung und am 9. Februar desselben Jahres das Examen rigorosum.

Meine akademischen Lehrer waren die Herren Professoren: **Breslau, Geiger, Paulsen, Rödiger, Scherer, Tobler, Zeller, Zupitza** und Herr Lektor **Feller** in Berlin; **Bergmann, Koch, Lucae, Stengel, Victor** und die Herren Dr. **Feist** und Dr. **Stosch** in Marburg. Allen meinen Lehrern, besonders aber Herrn Professor Stengel, bin ich zu grossem Danke verpflichtet.

BEITRÄGE ZUR KENNTNIS DER ALTFRANZÖSISCHEN FABLEAUX.

2. DIE VERFASSER DER FABLEAUX. I.

VON

DR. OSKAR PILZ,

WISSENSCHAFTLICHEM HILFSLEHRER.

Sonder-Abdruck aus der Festschrift zur Begrüssung der 40. Versammlung deutscher Philologen und Schulmänner zu Görlitz.

Im Commissions-Verlag von Gustav Fock, Leipzig.

BUCHDRUCKEREI F. JAENIKE, GOERLITZ.
1889.

> *Boen est le fable(r)[l] à oïr,*
> *Mout se deit qui l'ot, esjoïr,*
> *Grant prou et grant sens i conqu[i]er(re)[l];*
> *Tel l'orra qui de miez en [i]ert.¹)*
> *Méon, Le chastoiement d'un père à son fils.*
> *Paris 1824 p. 191 v. 295—298.*

Nachdem ich in meiner Dissertation *Über die Bedeutung des Wortes Fablel*²) den Versuch gemacht habe, auf Grund der Quellen zu bestimmen, welche Dichtungen wir als Fableaux anzusehen haben, unternehme ich es in einem zweiten Beitrage, Untersuchungen über die **Verfasser** anzustellen. Victor Le Clerc sagt in seinem lehrreichen Aufsatze über die Fableaux in der *H(istoire) L(ittéraire)* XXIII, p. 112: *La plupart de ces petites pièces* (von denen nach Warton und De La Rue, *Essais (historiques sur les bardes, les jongleurs et les trouvères),* III, 254 die meisten verloren gegangen sind) *sont anonymes, circonstance très favorable à ceux qui ont voulu les prendre pour y mettre leur nom. Il y en a cependant dont les auteurs se sont nommés. Ce n'est point la bonne volonté qui nous a manqué pour recueillir, sur ces auteurs, des indices chronologiques vraiment dignes de foi; mais s'il est difficile de le faire toujours exactement pour les troubadours, on est bientôt convaincu que pour les trouvères, cette précision de dates serait le plus souvent impossible.* Vgl. M(ontaiglon et) R(aynaud, *Recueil complet des fabliaux)* I, p. XI.³) Wenn es zumeist verlorene Mühe ist, nach „wirklich glaubwürdigen chronologischen Indizien" über die in Betracht kommenden Dichter zu forschen, so ist doch in Erwägung zu ziehen, dass uns noch Indizien ganz anderer Art zu Gebote stehen: sprachliche Untersuchungen müssen, selbst wenn urkundliche Daten fehlen, uns genauere Aufschlüsse über die Heimat des Dichters und die Zeit, in welcher er lebte, geben. Es bestand ja im 13. Jahrhundert in Nordfrankreich noch keine allgemein anerkannte Sprache, wenn auch der Einfluss der francischen Mundart schon ein bedeutender war; der Dialekt des Trouvère wird uns über sein engeres Vaterland belehren, eine Kennzeichnung seiner Mundart wird den geschichtlichen Wert etwa vorhandener Urkunden zeigen. Betrachtungen über den Stil und die Anschauungsweise des Dichters, über lokale Beziehungen und historische Anspielungen werden hinzukommen, um über die Autorschaft dieses oder jenes Stückes zu entscheiden. Wie irrtümlich die Ansichten über die Verfasser der Fableaux sind, zeigen deutlich zwei in H L XIII, 113 angeführte Beispiele, die *Jean de Boves* und *Pierre d'Alphonse* betreffen.

---

1) Kann man vielleicht lesen: *Grant prou et sens i conquerra;*
   Tel l'orra qui miez en orra"

2) Stettin 1889, in Commission bei Gust. Fock in Leipzig, auch als Programmabhandlung der Friedrich-Wilhelms-Schule zu Stettin erschienen. Vgl. *Franco-Gallia* VI (1889) vom 7. Juli. A. Kressner schliesst seine Besprechung mit den Worten: *Dass übrigens im Jahre 1888 noch ein Band des Montaiglon-Raynaud'schen Werkes erschienen ist, ist dem Verfasser entgangen.* G. Paris giebt in seiner *Histoire de la littérature française au moyen âge*, Paris 1888 dasselbe an; ebenso lese ich es bei Dr. Heinrich P. Junker in seinem soeben erschienenen *Grundriss der Geschichte der französischen Litteratur von ihren Anfängen bis zur Gegenwart*. Mir ist auf wiederholte briefliche und telegraphische Anfrage in Paris der Bescheid erteilt worden, dass der 6. Band zwar angezeigt, aber noch nicht erschienen sei; (die Verlagsbuchhandlung schrieb: *Nous comptons mettre ce volume en vente cette année*). Auch die Königlichen Bibliotheken zu Berlin und Dresden und die Königliche und Universitäts-Bibliothek zu Breslau, die mir mit oft gerühmter Bereitwilligkeit ihre Bücherschätze zur Verfügung gestellt haben, besitzen den 6. Band nicht.

3) Leider habe ich das Werk von Ch Formentin, *Essai sur les Fabliaux français du XIIe et du XIIIe siècle* Saint-Étienne, Forestier s⁰, wie manches andere Buch, nicht einsehen können.

Auf p. 114—116 l. c. findet sich ein alphabetisch geordnetes Verzeichnis von 36 Autoren (neun nennt G. Paris, l. c. p. 114/15) von Dichtungen, die Victor Le Clerc für Fableaux hielt. Nach unseren früheren Feststellungen sind eine Reihe derselben mit Sicherheit anderen Dichtgattungen zuzuweisen. Es scheiden so aus der Liste aus:

1) ADAM DE ROS. *La Vision de saint Paul ou des Peines d'enfer* ist kein Fablel, sondern eine *légende hagiographique*, G. Paris, l. c. p. 209/10. Vgl. E. Martin, *Besant de Dieu*, p. II. no. 3. Martin entscheidet nicht, ob *Adam de (le?) Ros* der Dichter oder der Schreiber ist. Vgl. De la Rue, *Essais* III, 139—145.

2) HUE ARCHEVESQUE, der Verfasser von vier Dits: *le Dit de la Dent, la Mort Larguece, La Poissance d'Amors* und *de Larguece et de Deboneretè* (das vierte war HL unbekannt.) Wir besitzen über ihn eine treffliche Monographie von A. Héron, Paris 1885. Vergl. meine Dissertation p. 22.

3) DOUINS DE LAVESNE, der Verfasser des *Roman de Trubert*; dieser Roman ist deshalb zu der Bezeichnug Fableau gekommen, weil er aus einzelnen Fableaux, deren Held immer ein und dieselbe Person ist, besteht. Mit ungefähr gleichem Rechte könnte man dann den *Roman des Sept Sages* und das *Castoiement d'un père à son fils*⁴) Fableaux nennen.

---

4) In meiner Dissertation p. 16 ist zunächst der *Roman de Renart le Contrefait* und *Barlaam und Josaphat* (in beiden und im *Roman de Renart* kommt das Wort Fablel nicht vor, vgl. G. Paris l. c. p. 109) hinzuzufügen und zu verbessern: Es giebt vom *Castoiement* 2 verschiedene Redaktionen; no. 2 und 3 stammen aus derselben Hs, dazu gehört auch die Bibliophilenausgabe. Vgl. Mussafia in den *Sitzungsberichten der Wiener Akademie* (1876) Bd. 64, 557 ff, der eine neue Hs. mitteilt: *Paris, l'université-Bibliothek*, CXXX, E 6, wo das *Castoiement* auf folio 18a bis 50a steht. Ich habe jetzt die Bibliophilen-Ausgabe durch die Güte einer Hohen Verwaltung der Kön. Bibl. zu Berlin zur Einsicht erhalten, und es ergeben sich folgende Zusätze zu meiner Arbeit. Die auf p. 16/17 angezogene Stelle findet sich auch hier p. 4 und lautet:

Quor Anfors qui le livre fis
De nos bons ancisours le pri[s]i
Qui el grant sens se delitoroi,
Ne rien fors sens ne covotoroi.
Por ce que plus s'i deliast,
Qu' il li sist on qu' il li coitast,
(Quil lisist ou qui l'escoutast)
I miut deduit de bels fableax
De gens, de bestes et d'oiseax;
Mes sachies qu' il n' i a déduit
Qi ne soit chargé de bon fruit.

Zu den 61 mit Fablel bezeichneten Stücken, die der ersten Gruppe angehören, treten die folgenden hinzu:

62) DE LA MALE FAME, die 7. Erzählung, p. 47—50. Nachdem der Vater die Geschichte *Tres deus Clers* beendigt hat, warnt er seinen Sohn vor dem Umgange mit Frauen. Dieser bittet, ihm einige von ihren Listen mitzuteilen, p. 48 v. 81 92:

Aucun fablel, aucune rien
M'en dites, si ferois mout bien

Und nun beginnt der Vater folgenden Schwank: Einst hatte ein Biedermann eine arglistige Frau geheirathet. Als dieser eines Tages sich in seinem Weinberge befand, liess sie ihren Geliebten rufen und vergnügte sich mit ihm. Durch einen unglücklichen Zufall verletzte sich ihr Gatte das eine Auge und musste nach Hause zurückkehren. Der Fremde wusste sich gut zu verstecken, und das schlaue Weib hielt ihrem Manne so lange das gesunde Auge zu — sie sagte dazu Zaubersprüche, die das kranke heilen sollten — bis der Liebhaber das Haus verlassen hatte. — Der Sohn erwidert, p. 50 v. 76 78:

A grant profit li tornereit
Qui tels fableaix onques orreit.

63) D'UNE AUTRE MALE DAME, die 8. Erzählung, p. 50—58. Am Schlusse derselben sagt der Vater, p. 53 v. 77 78:

Bel fils, le tiers fablel orras
Et à tant me soffrerai.

Ein Biedermann übergiebt seine junge Frau seiner Schwiegermutter zur Beaufsichtigung. Die Liebebedürftige erhält die Erlaubnis, ihren Geliebten zu Tische laden zu dürfen. Während des Essens klopft unerwartet der Herr des Hauses an die Thür; der Liebhaber wird im Bette versteckt. Jener klagt über Unwohlsein und verlangt ins Bette zu gehen: seine Frau breitet so lange ein neues Betttuch vor ihm aus, bis der junge Mann in Sicherheit ist.

64) Vgl. Das Zitat in no. 63. D'UNE AUTRE MALE FAME, die 9. Erzählung, p. 58—60. Wir lesen p. 57/58 v. 111—122:

Vgl. meine Dissertation p. 23,4; (Arthur) Dinaux, *Trouvères (du nord de la France et du midi de la Belgique)* IV, 245—249.

4) GAUTIER DE COINSI, der berühmte Verfasser der Legenden, die Le Clerc irrtümlicher Weise zu den Fableaux rechnet. Gesammtausgabe von Poquet, Paris 1857; B(arbazan) — M(éon, *Fabliaux et contes* 1808) I, 270 II, 420 ff., Méon, N(ouveau) R(ecueil) II. 1 ff; Jubinal, *Rutebeuf*[2] III, 246; Mallet, *Miracle de Théophile* Rennes 1838; Wolter, *Judenknabe*; Weber, *Handschriftliche Studien* I; *Zeitschrift (für romanische Philologie)* VI, 325—346 u. s. w.

5) GIRBERS oder GERBERS. *De Grongnet et de Petit*, MR III, 30—34 ist eine Satire gegen die geizigen Reichen und kein Fablel; das hat schon Le Clerc HL XXIII. 114 ausgesprochen. Der Verfasser, der sich übrigens nur in der Handschrift der Arsenalbibliothek und nicht in B nennt, beginnt auf folgende Weise:

Dou siècle qui peu est courtois
Nous faist Girbers .l. serventois.

Eine wissenschaftliche Untersuchung, die entscheiden müsste, ob Michel Recht hat, wenn er diesen *Girbert* mit *Girbert de Montreuil*, dem Verfasser des *Veilchenromans*, (De La Rue, *Essais* III, 152—156) identifiziert, oder die HL, welche zwei verschiedene Verfasser annimmt, liegt meines Wissens noch nicht vor.

6) JEAN DE ST. QUENTIN, der Verfasser einer in einreimigen Alexandrinerquatrains abgefassten Legende. Näheres in H L XXIII, 122; dazu Weber, *Hsliche Studien* I. p. 14 no. 48, p. 23 no. 58 und öfter.

*Qui tretoi l'or m' aporterit
Qui est en Arabe, et dorrrit,
Ne voudroie-je oublier,
Se mes enfaloie recouvrir,
l'es* treis fableaus *que dit m'avez.
Mes chier Pere, or vos hastez,
Et si recommencies* le quart
*Quer certes, bel pere, il m'est
Que li quart soit recommencier,
Quer n'en puis estre assaries.
Dist li Pere, tu es desvez,
Jú t'en ai-ye or* trein contet*

und er erzählt ihm eine Geschichte, die nicht von den Listen der Frauen handelt. — Der Eingang der u. Erzählung stimmt mit dem der 8. überein. Der überraschte Liebhaber stellt sich mit einem Schwerte in der Hand an der Thür auf und verweigert dem eintretenden Ehemanne jede Antwort. Man erzählt ihm endlich, dass er vor drei mit scharfen Degen bewaffneten Männern in diesem Hause Schutz gefunden habe und nun meine, in dem Herrn des Hauses einen seiner Feinde vor sich zu haben. Dieser belobigt die menschenfreundliche That seiner Frau. Vgl. ibidem p. II und III.

95) D'UN PRODOME QUI DONA TOT SON AVOIR A SES FILLES, die 27. und letzte Erzählung, p. 180—191, welche p. 180 v. 133 *fablens* (?, p. 181 v. 293 *fablel* und v. 296 *fabler* genannt wird; (*fabler* für *fablel* steht noch MR I, 198 v. 3, wo es Montaiglon emendiert, mit Recht?) — Ein Vater übergab seinen beiden Töchtern in der Hoffnung von sich zu stossen, die ganze Habe und behielt nur das Haus für sich, in welchem er gewohnt hatte. Zuerst hielt er sich bei der ältesten Tochter auf; als diese seiner überdrüssig wurde, ging er zu der jüngeren, welche ihn ebenfalls schlecht behandelte. Da mann er auf eine List; er entlieh von der älteren ein Mass, welches er ihr nach einiger Zeit zurückbrachte, nachdem er zuvor Geldstücke auf den Boden geklebt hatte. Die Frau hatte nichts eiligeres zu thun, als ihrer Schwester mitzuteilen, dass ihr Vater noch im Besitze grosser Reichtümer sein müsse, worauf sie verlustig gehen würden, wenn sie fortführen, ihn wie einen Fremden von sich zu stossen. Sie nahmen ihn wieder zu sich und erfüllten alle seine Wünsche. Nach seinem Tode fanden sie aber an der bezeichneten Stelle nur einen Brief vor, der die Eltern warnte, sich zu Gunsten ihrer Kinder ihres Vermögens zu berauben. Vgl. *La Houce partie*, M R I, 82—96 und II, 1—7. Auf p. 14 ist einzuschieben:

41a) DE LA MALE VIELLE QUI CONCHIE LA PREUDE FAME; die 11. Erzählung, p. 63—77, hat im wesentlichen den selben Inhalt als no. 41 und darf daher sicher als ein Fablel betrachtet werden.

7) **PAIENS DE MAISIÈRES**, *La Mule sanz frein*, abgedruckt in Méon, NR I, 1—37. Das aus 1136 paarweise gereimten Achtsilblern bestehende Gedicht ist ein Abenteuerroman, der an die Artussage anknüpft. Vgl. meine Diss. p. 19 no. 6 in der Anmerkung.

8) **RAOUL DE HOUDENC**. *Le Songe d'Enfer* ist eine Allegorie. Vergl. Legrand d'Aussy (*Fabliaux ou contes* 1829) II, 222—225 und meine Dissert. p. 23 no 1.

9) **RICHARD DE L'ILE ADAM**. *Honte et Puterie* ist ein Satire in allegorischer Form, trotzdem es auch Dinaux. *Trouvères* II, 362 ein Fablel nennt; er druckt das Stück wohl zum ersten Male ganz ab. Vergl. Legrand d'Aussy IV, 67, der einen Auszug giebt.

10) **ROBERT BIKET**. *Le lai du Corn* ist ein wirkliches Lai. Vgl. De La Rue *Essais* III, 216—218 und meine Diss. p. 18 no. 16. Es ist neu herausgegeben worden von Fredrik Wulff; dazu P. Richter, *Versuch einer Dialektbestimmung des Lai du Corn und des Fabliau (1) du mantel mautaillié*. Dissert. Marburg 1885 (A. und A. 38)⁵)

11) **THIBAUT DE VERNON**. Von ihm kennen wir zwei Mirakel; vgl. HL XXIII, 123.

Von den in HL aufgeführten Verfassern bleiben demnach 25 übrig. Es sind die folgenden:

1) **BERNIER**, *La Houce partie*. Betrachtung des Verhältnisses der beiden auf uns gekommenen Versionen.

2) **COLIN MALET**. Es fragt sich ob er oder der weiter unten zu erwähnende Jouglet der Verfasser des MR IV, p. 112—127 abgedruckten Fableau ist, und ob er mit dem von *Watriquet* MR III. 145 v. 3 erwähnten *Colin* identisch ist. Vgl. auch Colins de Hainaut, Dinaux, *Trouvères* IV, 166–184.

3) **COURTEBARBE**, *Des trois avugles de Compiengne*.

4) **COURTOIS D'ARRAS**. Er soll der Verfasser von *Boivin de Provins* sein; vgl. weiter unten *Boivin*. Ausserdem wird ihm eine Paraphrase der Parabel des verlorenen Sohnes unter dem Titel *Le lai de Courtois* oder *De Cortois d'Arras* und eine Satire gegen die städtischen Behörden von Arras zugeschrieben. Wir besitzen vom sogen. Lai einen unzuverlässigen Druck in BM I, 356 ff nach 3 Hss. und die Varianten einer 4. Hs., die Mussafia l. c. p. 590 ff. mitteilte. Die Satire ist abgedruckt bei Dinaux, *Trouvères* III, 158—160, vgl. ibid. p. 155—160. G. Paris bezweifelt (l. c. p. 116) überhaupt die Existenz eines Trouvère mit Namen *Courtois d'Arras* und führt das Stück unter den Fableaux anonymer Verfasser auf.

---

5) Zu den wirklichen Lais ist auf p. 18 hinzuzufügen: 27) LAI DE MÉLION, *Zeitschrift* VI, 94 ff, obwohl es Horak ibid. p. 103 *Fabliau* nennt und 28) LAI DE GUIRON (verloren, inhaltlich mit *Ignaures* nahe verwandt.) — Auf p. 14 ist hinter 28a) einzutragen: 30a) DES BRAIES LE PRIESTRE, par Jean de Condé, ed. Scheler Bd. I, p. 121—125 v. 1 (honte), v. 6 „conte"; derselbe Stoff wie hi no. 30. — In der 4. Gruppe sind als weitere Dits, die mit dem Namen Fablel belegt werden, nachzutragen: 9) LE FABLIAU DU PREUDOME, par Baudouin de Condé. Scheler überschreibt es *Li contes du Preudome*; nach Dinaux, *Trouvères* IV, 201 führt es auch den obenangegebenen Titel. — Das mit Wortspielen überladene Gedicht enthält ein übertriebenes Lob der Freigebigkeit, einer Tugend, welche die Trouvères bei den Reichen besonders hochschätzten. 10) DE NICEROLES, Jubinal, *Jonbleurs* III, 352—364. Wir lesen am Schlusse: *Explicit le* Fablel *de Niceroles*.

5) DURAND. *Des trois Boçus*
6) ENGUERRANT D'OISI. *Le Meunier d'Arleux. Dinaux, Trouvères* III. 149 möchte ihn auch zum Verfasser von *Constant du Hamel* machen. G. Paris (l. c. p. 116) scheint sich dieser Theorie nicht anschliessen zu wollen.
7) EUSTACHE D'AMIENS. *Du Bouchier d'Abeville.* Nach G. Paris (l. c. p. 116) hat das Stück keinen Autor.
8) GARIN und GUERIN sind nach HL XXIII, 114 und G. Paris l. c. p. 115 ein und derselbe Trouvère; die sprachliche Untersuchung wird darüber entscheiden. Garin dichtete *Des Tresces*; doch führen die von Le Clerc angeführten Texte bei BM IV. 393—406[a]) (MR IV. 67- -81) und Méon, NR I, 343- -352 seinen Namen nicht an; nur die Version des Berner Hs., die MR V. 132—142 veröffentlicht ist und die den Titel führt: *De la Dame qui fist entendant son mari qu'il sonjoit* nennt den Verfasser. Es ist Le Clerc entgangen, dass er sich auch als Autor des Fableau *De la Grue* nennt; erst 1878 ist eine dritte Erzählung von ihm *Du Prestre ki abevete* bekannt gegeben worden. Guerin verfasste *Le Chevalier qui faisoit parler les cons et les culs*, unkritisch gedruckt in BM III. 409 ff.), *Du Provoire qui menga les meures* und *De Berangier au long cul*, das Le Clerc ebenfalls übersehen hat. Die beiden letzteren Fableaux liegen in zwei Versionen vor, deren Verhältnis betrachtet werden muss.

9) GAUTIER schrieb *Le Prestre taint* (dieses Stück ist leider noch nicht ediert und *Connebert*. Ist Gautier auch als Verfasser des *Prestre crucefié*, MR I. 194—197, das einen ganz ähnlichen Inhalt wie *Connebert* hat, anzusehen?

10) GAUTIER LE LONG, *La Veuve*. Nach Förster, *Chevalier as .II. espeet*, p. II und G. Paris l. c. p. 115 soll er auch der Verfasser von *Du Vallet qui d'aise à malaise se met* sein. Vielleicht ist er mit Gautier le Loup, dem Autor des *Dit des Cons*, MR II, 137—139, identisch; denn in MR II, 213 v. 497 kann man statt *Gauthier Li Lous* leicht *Gauthier li* Lous lesen, wohin gegen das letztere in der Form *li leus* MR II. 138 v. 140 durch den Reim zu *eüreus* gesichert ist. Auffällig ist die Ähnlichkeit des *Dis des Cons* mit einem Teile des Fableau *La demoiselle qui aveine demandoit pour Morel sa provende avoir.*

11) GUILLAUME, CLERC DE NORMANDIE, soll der Verfasser von *La male Honte* und *Du Prestre et d'Alison* sein. Von einer anderen Version der *Male Honte* kennen wir als Verfasser Hugues de Cambrai, vergl. weiter unten. MR IV, 46 p. 150 wird uns Guillaumes als Verfasser genannt; welche Berechtigung hat hier der Zusatz Li Normanz der sich allerdings in dem zweiten Fablel findet? Über unseren Dichter handelt De la Rue. *Essais* III, 12—32, der ihm ausserdem noch das Fablel *La fille à la bourgeoise* zuschreibt. *Fregus* ist ediert worden von Michel und Martin, sein *Bestiaire* von Hippeau, der *Besant de Dieu* von Martin u. s. w. Vergl. HL XVI. passim. XIX, 654—665; *Dinaux Trouvères* I, 125; *Revue critique* 1869, no. 30; *Zeitschrift* III, 200—231; IV, 85—88; V. 382; *H(errigs) A(rchiv für das Studium u. s. w)* Bd. 62,

---

6) Woher hat Méon in der Ueberschrift die Bemerkung *par Guerin*?

7) Bei diesem Stücke gerät man wirklich in Verlegenheit, welcher Dichtgattung man es zuweisen soll: er nicht wie eine Parodie auf die in den Lais und Abenteuerromanen enthaltenen Wunder aus.

64, Reinsch, *La vie de Tobie*; *Rom(anische) Stud(ien)* IV, 493—542. Schmidt, *Guillaume Le Clerc*, dazu *Zeitschrift* VI, 484—485 und Seeger's Dissertation, Halle 1881, die ich nicht habe einsehen können. Man spricht ihm jetzt beide Fableaux ab.

12) HAISIAU. *De l'anel qui faisoit les . . . . grans et roides*, MR III, 51—53. Nach dem Anfange seines Stückes zu schliessen, hat er noch andere Fableaux verfasst, aber wir dürfen es wohl zunächst als eine durch das gleichzeitige Vorkommen eines Ringes entstandene Verwechselung ansehen, wenn MR ihn zum Verfasser von *Des* .III. *Dames qui trouverent l'anel*, I, 168—177 stempeln.*)

13) HENRI D'ANDELI, der berühmte Verfasser des *Lai d'Aristote*, das wir mit Le Clerc und MR, trotzdem der Autor es als *Lai* bezeichnet, als Fableau anzusehen haben. Vgl. De la Rue *Essais* III, 33—40; BM I, 152 ff; Héron *OEuvres de Henri d'Andeli*, dazu *Rom(ania)* XI, 137—144; Augustin, Marburger Dissertation über *Henri d'Andeli*. Im *Lai d'Aristote*, MR V, 261 v. 543 nennt er sich nur Henris.

14) HUGUES LE ROI, *Du Vair Palefroi*. Er hat auch das Gedicht *La senefiance de l'a b c* verfasst, gedruckt JUBINAL, *N(ouveau) R(ecueil de contes, dits et fabliaux)* II, 275—290.

15) HUGUES PIAUCELE ist der Autor von *D'Estormi* und *De Sire Hain et de Dame Anieuse*. Die HL ist geneigt, ihn mit einem von drei andern Dichtern zu identifizieren, von denen zwei ebenfalls den Namen Hugues führen: entweder mit dem vorstehenden Hugues le Roi oder mit den weiter unten zu besprechenden Hugues de Cambrai oder le Roi de Cambrai; vgl. Jubinal *Rutebeuf*[2] III, 147 ff.

16) JACQUES DE BAISIEUX dichtete *Des* .III. *Chevaliers et del Chainse* und *Li dis de le vescie à prestre*; vgl. Dinaux *Trouvères* IV, 380—385. Scheler druckt in den *Trouvères belges*[3]) 1876 noch drei Dits von ihm ab.

17) JEAN BEDEL nennt sich als Verfasser des Stückes *Li sohais desvez*. Méon NR I, 299, will in ihm Jean de Boves wiedererkennen. Michel, *Théâtre français au moyen—âge*, p. 669, meint, dass er mit dem bekannten Verfasser des *Jeu de St. Nicolas* identisch sei. Le Clerc und G. Paris l. c. p. 114 wollen nach Fauchet's Vorgange, *Anc. poët franç.*, fol. 588, ihm alle von dem sogleich zu erwähnenden Jean de Boves verfassten Fableaux zuerkennen, weil dieser eine dem *Sohaiz desvez* ähnliche Erzählung gedichtet hat. Vgl. Dinaux *Trouvères* III, 260—282. Gaston Raynaud endlich (Rom. IX (1880), 216—247: *Les Congés de Jean Bodel* und dazu *Zeitschrift* IV, 477—478, ferner VI, 387—390, *Revue des langues romanes* 3e sér. V, 47) behauptet, dass Jean Bedel und Jean de Boves mit Jean Bodel eins seien.

18) JEAN DE BOVES nennt sich in *Des deux chevaux*, MR I, 153 v. 1 ff. als Verfasser von acht Fableaux und einer Fabel: 1) *Le Vilain de Farbu* oder *Del Morteruel*; 2) *Du Vilain de Bailuel*; 3) *De Gombert et des* .II. *clers*; 4) *De Brunain la vache au Prestre*; 5) *Le Songe des vis* (leider noch nicht herausgegeben, ähnlichen Inhalts wie Bedels *Sohais*

---

6) Demnach ist der Name *Haisious* in meiner Dissert. p. 4 no. 8 zu streichen.

9) Die *Nouvelle série* der *Trouvères belges* 1876 enthält kein eigentliches Fablel und daher ist das Wort *Fabliaux* auf dem Titel zu streichen.

desvez); 6) *Dou lou et de l'oue* (unkritisch gedruckte Fabel in BM III, 53—55); 7) *Del Couvoiteus et de l'Envieus;* 8) *De Barat et de Haimet* oder *Des* III. *larrons;* 9) *Des* II. *Chevaus.* Vgl. oben no. 17 und De la Rue. *Essais* III, 45—46; Dinaux, *Trouvères* III, 293—299. In der hs. C (Paris. Bibl. nat., Mss. fr. 1593, fol. 213 v° bis 217 v°. M R V, p. 302 v. 662) des Fableau *D'Auberée, la vielle maquerelle* giebt der Verfasser seinen Namen als Jehans an (nach G. Paris l. c. p. 116 ohne Verfasser); MR sind geneigt, ihn für identisch mit Jean de Boves zu halten.

19) JEAN DE CONDÉ hat ausser einer grossen Reihe anderen Dichtungsgattungen angehöriger Stücke auch 6 Fableaux verfasst: 1) *Des Braies le priestre;* 2) *Li Dis dou Pliçon;* 3) *Li Dis dou Varlet qui ama le femme au bourgois;* 4) *Li Dis de le Nonnette;* 5) *Du Clerc qui fu repus deriere l'escrin;* 6) *Le sentier battu.* Vgl. Dinaux, *Trouvères* IV, 205—244 und E. Littré. *Etudes et glanures,* no. 10, p. 235—289. No. 1, 2, 3 und 4 waren HL unbekannt. *Li Debas entre les Channoinesses et les Bernardines* ist zu streichen, wenigstens hat ihn Scheler in seine Gesammtausgabe (in zwei Bänden) nicht aufgenommen. Vgl. hier besonders Vorrede p. XV. Welche Beziehungen hat das erste Fablel zu *Des Braies au cordelier* MR III, 275—288 und das fünfte Fablel zum *Povre Clerc,* MR V, 192—200[10])?

20) JEHAN LI CHAPELAIN nennt sich als Bearbeiter des *Li Diz dou Soucretain,* Méon, NR 1, 318—337. Es wird zu untersuchen sein, in welchem Verhältnis zu diesem Fablel drei andere uns bekannte Redaktionen dieser Erzählung stehen (MR IV, 1—40; MR V, 115—131 und MR V, 215—242). Vgl. De La Rue. *Essais* III, 253—255; Legrand d'Aussy IV, 285—293.

21) JEAN LI GALOIS. *De Pleine Bourse de Sens,* MR III, 88—102. Das Stück ist uns in vier Hss. überliefert worden. Die vierte, welche MR nicht zu Rate gezogen haben und die ausser diesem Schwank noch 20 von MR schon edierte Fableaux enthält -- sie birgt auch eine grosse Reihe noch unbekannter Fableaux -- befindet sich unter den Hss. der Hamilton'schen Bibliothek, jetzt im Besitze der Königlichen Bibliothek zu Berlin. Vgl. MR V, 411—412 und Rom XII (1883). 209—214. Über unseren Dichter findet sich eine kurze Notiz bei Tarbé, *Poètes de Champagne,* p. XIV.

22) JOUGLET; vgl. oben no. 2. Mit welchem Rechte macht ihn Legrand d'Aussy I, p. CVIII zum Verfasser des *Sot Chebalier,* MR I, 220—230? Vgl. Dinaux, *Trouvères* IV, 43—46, der Lüttich als die Heimat des Dichters des *Sot Chevalier* ansieht. Bemerkenswert ist die Ähnlichkeit dieses Fablel mit *De la Sorisete des Estopes,* MR IV, 158—165.

23) PIERRE D'ANFOL nennt sich als Verfasser von *Le Revenant,* Méon, NR I, 178—182. Ist er identisch mit dem lateinischen Autor des *Disciplina clericalis,* und ist die Annahme berechtigt, dass unser Stück in einer uns bisher unbekannten Fassung der *Discipline de Clergie* enthalten gewesen sei?

24) ROBINS wird in HL XXIII, 116 als Verfasser eines bisher ungedruckten Fablel genannt, welches in der Berner Hs. no. 354, fol. 39v°—41 steht.

---

10) Dieses Fablel ist nicht mit der unter gleichem Titel bekannten Legende zu verwechseln, die uns in vielen Hss. überkommen ist. Vgl. Weber, *Handschrift. Stud.* I. p. 10 no. 14 und öfter.

25) RUTEBEUF hat 5 Fableaux verfasst: *Charlot le Juif, La dame qui fist .III. tors entor le Moustier, Frere Denise, Le Pet au Vilain* und *Le Testament de l'Asne*[11]). Welches Recht hat Fauchet, wenn er ihn in seinen *OEuvres* fol. 578v° auch zum Autor von *La Pucelle qui vouloit voler*, MR IV, 325--331, macht? Vgl. HL XVI. XX und XXIII passim; BM II, 293-301; Méon. NR I. *Li Diz de l' Erberie*; Dinaux. *Trouvères* III, p. 9; H. P. Tjaden. *Untersuchungen über die Poetik Rutebeufs*. Marburger Dissert. Marburg 1885. Gesammtausgaben veranstalteten Jubinal (1874,5 in zweiter Auflage) und Kressner 1885.

Zu diesen 25 Fableaux-Dichtern treten noch 14 andere: einige sind der HL entgangen, wie Philippe de Remi; andere fehlen in der Liste, weil uns zwar ihre Namen, aber keine Dichtungen von ihnen überliefert sind, wie Charlot; andere endlich werden in Folge von Conjekturen aufgenommen, über deren Wahrscheinlichkeit grammatische Feststellungen entscheiden müssen, wie Gauthier le Loup. Es sind die folgenden:

26) BOIVIN DE PROVINS nennt sich als Verfasser des gleichnamigen Fablel, MR V, p. 52—64; vgl. oben Courtois d'Arras.

27) CHARLOT LE JUIF; Nebenbuhler Rutebeufs, aus zwei Gedichten des letzteren bekannt.

28) GAUTHIER LE LOUP darf sicher als der Autor des *Dit des Cons* betrachtet werden; ist er auch der Verfasser des Fablel, das unter dem Namen des Gauthier le Long geht? Vgl. diesen unter no. 10.

29) GIRARD. *Lai d'Amors*, Rom. VII, 409--415; vgl. *Zeitschrift* III, 151;2 und meine Diss. p. 18 no. 2.

30) HAUVIS, genannt MR III. 145 v. 3.

31) HERSENS, ebenda angeführt.

32) HUGUES DE CAMBRAI, *La Male Honte*, MR V, 95—100. Vgl. oben no. 11 und 15. Über ihn handelt Dinaux, *Touvères* I. 123--125.

33) JEHAN DE JOURNI, der bekannte Verfasser der *Dîme de Pénitance*. In der Breymann'schen Ausgabe, p. 1 v. 23 teilt er mit, dass er früher „faus fabliaus" verfasst habe; leider sind uns keine erhalten, wenigstens unseres Wissens bis jetzt nicht veröffentlicht worden.

34) JETRUS, erwähnt MR III. 145 v. 3.

35) LE ROY DE CAMBRAI. Vgl. oben unter no. 15. Jubinal, *Rutebeuf*[1] III druckt von ihm ab: *La Description des ordres religieux;* ausführlicheres bei Dinaux. *Trouvères* I, 188—190.

36) MARIE DE FRANCE; die berühmte Verfasserin von 12 Lais und 103 Fabeln, unter denen sich 17 Fableaux befinden. Vgl. De La Rue, *Essais* III, 47 ff. Gesammtausgabe von Roquefort; die *Lais* ediert von Warncke; BM IV, 57-80; vgl. HL XVI und XIX. passim; Dinaux macht *Trouvères* II, 309--316, Flandern zu ihrer Heimat.

37) MILLES D'AMIENS, *Du Prestre et du Chevalier*, MR II, 46-91.

---

11) Da Le Clerc die Legenden den Fableaux zuweist, wo hätte er noch *Du Sacristain et de la Fame au Chevalier*, BM IV, 119-143, hinzufügen müssen.

38) PHILIPPE DE REMI, SIRE DE BEAUMANOIR, *Conte de Fole Larguece.* Vgl. HL XVI, XX, XXII passim, XXIII, 680. Suchier hat eine Gesammtausgabe seiner Werke veranstaltet. *Société des anciens textes français,* Paris 1884/5 und unser aus 426 paarweise gereimten Achtsilblern bestehendes Fablel II, 257 ff abgedruckt; vgl. ibid. I, p. CXXII, dazu *Zeitschrift* X, 302--306; Rom. Stud. IV, 351—410, dazu *Zeitschrift* IV, 465--467; Rom IX, 480; *Revue des langues romanes,* 3e série IV, 30.

39) WATRIQUET BRASSENEL DE COUVIN, *Des trois Chanoinesses de Couloigne* und *Des trois Dames de Paris,* MR III, 137—155. Vgl. De La Rue, *Essais* III, 240—244; HL XXIII, passim; Dinaux IV, 683—704. 1868 hat Scheler seine gesammten Dichtungen herausgegeben.[12]

Wir werden nunmehr die einzelnen Dichter und ihre Werke in alphabetischer Reihenfolge besprechen.

1. Bernier

BERNIER[13] nennt sich in v. 414 als der Verfasser des Fablel *La Houce partie*:[14]

Jcest example fist Bernier,
Qui la matère enseigne à fère.
Si en fist ce qu'il en sot faire.

Der Name Bernier ist durch den Reim zu *chastoier* in v. 413 gesichert. Weder der Graf *Caylus,* noch *Legrand d'Aussy, Dinaux, Méon, Le Clerc, Montaiglon, Raynaud* können über ihn nähere Auskunft geben; auch dürfen wir ihn mit keinem der Berniers, welche *Chevalier* in seinem *Répertoire des sources historiques du moyen âge* aufführt, identifizieren. Als einzige Quelle für seine Lebensverhältnisse bleibt uns demnach nur sein schönes Gedicht übrig. Es ist uns in einer Hs. der Nationalbibliothek zu Paris, nämlich dem bekannten Fableaux Codex, Mss. fr. 837 (früher 7218) überliefert, wo es auf fol. 150r° bis 152v° steht. Nach diesem Ms. haben es *Méon, Legrand d'Aussy, Bartsch (Afrz. Chrestomathie³,* Sp. 303--312) nach einer Collation des so früh im Tod entrissenen *Apfelstedt* und zuletzt *Montaiglon* in MR I, 82--96 abgedruckt. Analysen finden sich u. a. in BM IV, p. XIII, *Legrand d'Aussy* IV, 117--124 und H L XXIII, 192 ff; ebenda, bei *Bartsch* und bei *Legrand d'Aussy* IV, 124--126 stehen Bemerkungen über die Bearbeitungen desselben oder eines ähnlichen Stoffes bei anderen Dichtern.

Bernier hat den Stoff nicht selbstständig erfunden; er stammt nach G. *Paris,* 1. c. p. 116, aus Indien[15]. Während die einleitenden 21 Verse[16] darauf schliessen lassen, dass er ihn *mündlicher* Überlieferung verdankte, lehrt uns v. 103 (*Ce nous raconte li escris*), dass er eine *schriftliche* Vorlage benützte. Am Schlusse hebt er nochmals hervor, dass er die Fabel

---

12) Zu der grossen Anzahl anonymer Verfasser von Fableaux ist auch der Autor des Dit *Les proprietés d'aucunes frumes* zu stellen; er beginnt, Rumart, p. 115, Hs. Vat. Christ. 1323, fol. 151:
Je fins [dis e] fabliaulx, rimes et recontois . . . .
13) Der Name ist als der Held eines altfranzösischen Romans, den Le Glay herausgegeben hat, wohlbekannt.
14) Nach G. Paris, l. c. p. 116, hat das Stück einen anonymen Verfasser.
15) Danach ist die Bemerkung in HL XXIII, 194 zu berichtigen, wo *Le Clerc* behauptet, dass der Stoff vor *Bernier* nicht nachweisbar ist.
16) MR I, 82: *Les premiers vers de ce fabliau manquent dans le ms., qui est défectueux en cet endroit.* Wir stimmen *Bartsch* bei, wenn er die Lücke für unbedeutend hält.

2*

des Stückes — *la matere*— vorgefunden hat: *dieses Beispiel* (cf. mhd. bispel) *machte Bernier, der (hierdurch) zeigt, wie man einen (gegebenen) Stoff zurechtmachen muss; er bearbeitete ihn so gut, als er es verstand.* Wir besitzen in einer Turiner Hs. (Fr. 36, fol. 585v° 1. Col. bis 586v° 2. Col.) eine weit kürzere Bearbeitung desselben Fableau mit der Überschrift *C'hest* (lies *Ch'est*) *de la houce*, die in MR II, 1--7 nach einer Copie von *Stengel* veröffentlicht ist. In dieser nennt sich der Dichter oder Bearbeiter nicht; v. 5 zeigt, dass seine Quelle eine *mündliche* Mittheilung war. Zur Vergleichung der beiden Redaktionen müssen wir ausführlich über den Inhalt berichten.

Bernier beginnt damit, dass es die Pflicht eines jeden ist, andern merkwürdige Ereignisse mitzuteilen; die Obliegenheit des Dichters sei es, dem Beispiele der alten Meister zu folgen und sie in poetischer Form der Nachwelt zu überliefern (v. 1--21). Vor etwa siebzehn oder zwanzig Jahren verliess ein reicher Mann mit seiner Frau und einem wohlerzogenen Knaben seine Vaterstadt *Abevile*, da er von stärkeren Feinden hart bedrängt wurde, zog nach *Paris*, huldigte dem Könige und erwarb sich daselbst das Bürgerrecht. Da er ein echter Biedermann war, so wurde er von seinen Nachbarn hochgeehrt (v. 22--45). Wer gegen andere aufrichtig und freundlich ist, erfreut sich ihrer Zuneigung und Achtung (v. 46--54). Nachdem der Kaufmann länger als sieben Jahre in seiner neuen Heimat mit vielem Vorteil seinen Handel betrieben hatte, starb seine Gattin, mit der er dreissig Jahre zusammen gelebt hatte. Der Jüngling war aufs tiefste betrübt über den Verlust seiner Mutter, die ihn zärtlich erzogen hatte; der Vater versuchte ihn zu trösten, indem er ihn darauf hinwies, dass keiner dem Tode entgehen könne, er solle nur guten Mutes in die Zukunft schauen. „Du bist ein schöner Mann geworden und ich wünsche sehr, dass ich dich mit einem wohlhabenden Mädchen aus guter Familie vermählen könnte" (v. 55--102). Nun lebten in der Stadt drei Ritter, welche Brüder waren: sie hatten in den Turnieren ihr Hab und Gut aufgezehrt und schuldeten Wucherern 3000 Pfund. Dem ältesten hatte seine früh verstorbene Gemahlin eine schöne Tochter hinterlassen; sie wohnte im eigenen Hause — es brachte zwanzig Pfund jährliche Miete ein — und zwar gegenüber dem Kaufmann. Dieser hielt bei den drei Rittern für seinen Sohn um ihre Hand an: „Mein Vermögen beläuft sich auf 1500 Pfund; die Hälfte der jährlichen Zinsen, 50 Pfund, soll mein Sohn verzehren." Die habgierigen Ritter machen geltend, dass es ihm vielleicht später einfallen könnte, sein Vermögen den Templern, den weissen oder den schwarzen Mönchen zu vermachen, und verlangen, dass er seinem Sohne sein ganzes Besitztum abtreten müsse, sonst würden sie nicht in die Heirat einwilligen. Der alte Mann ist töricht genug, auf diese Forderung einzugehen und sein Sohn erhält die adlige Dame zur Frau. (v. 103--192). Nach Verlauf von zwei Jahren gebar sie einen Sohn, der bald zu einem verständigen Knaben heranwuchs: oft hörte er erzählen, dass sein Grossvater auf sein ganzes Vermögen zu Gunsten seines Vaters verzichtet hatte, damit dieser die Hand seiner Mutter gewinnen konnte. Zwölf Jahre lang hatte der alte Mann in dem Hause seines Sohnes, der gern die Leinwand zu seinem Grabtuche hergegeben hätte, das Gnadenbrod gegessen: das Alter hatte ihm die Beine gelähmt, nur mühsam konnte er sich an einem Stocke aufrecht erhalten. Seine stolze Schwiegertochter behandelte ihn mit Verachtung und erklärte endlich ihrem Gatten, dass sie nicht eher wieder „mit den Zähnen essen" würde, als bis er ihre Wohnung verlassen hätte. Der undankbare Sohn erklärt sich ohne Widerrede bereit, seinen gebrechlichen Vater aus seinem Hause zu stossen (v. 193--232). „Vater, geh aus diesem Hause und sieh zu, wo du deinen Unterhalt findest." „Lieber Sohn," entgegnet der Alte unter bitteren Thränen, „lass ein Bündel Stroh unter deinem Wetterdach meine Lagerstätte sein und gieb mir nur etwas zu essen, so bin ich es zufrieden, und dir werden darum deine Sünden vergeben werden." --- „Auch dieses kann ich dir nicht gewähren; meine Frau würde den Verstand verlieren, wenn sie dich sähe." --- „Wohin aber soll ich meine Schritte lenken, da ich nichts mein eigen nenne?" --- „In Paris giebt es genug mitleidige Leute, die für deinen Unterhalt sorgen werden." --- „Wenn der eigene Sohn mir keinen Platz an seinem Herde gönnt, um wieviel weniger werden es Fremde thun?" --- „Ich kann nicht anders handeln; meine Frau will es so haben." Schmerzlich gebeugt verlässt der Greis das Haus des unmenschlichen Sohnes; an der Thüre bleibt er stehen und bittet, ihm wenigstens ein Tuch zu geben, das ihn gegen die Kälte schützen könnte. Auch dieses wird ihm verweigert. Da fleht er um eine Pferdedecke (v. 233--310). Um den überlästigen Bittsteller loszuwerden, ruft der Undankbare seinen Sohn herbei und befiehlt ihm, aus dem Stalle die beste Pferdedecke für den Grossvater zu holen. Während jener unmutsvoll in das Haus zurückgeht, betritt der Knabe mit dem Alten den Stall, sucht die neueste Pferdedecke hervor und zerschneidet sie mit seinem Messer in zwei gleiche Teile; den einen überreicht er seinem Grossvater und weigert sich hartnäckig, ihm die andere Hälfte zu geben (v. 311--344). Da eilt der Alte zu seinem Sohne und zeigt ihm, wie der Knabe seinen Befehl ausgeführt habe. Auf die Aufforderung, auch die andere Hälfte dem Grossvater zu schenken, erwidert das verständige Kind: „Das werde ich nicht thun; die Hälfte werde ich dir geben, wenn ich dich aus meinem Hause jagen werde" (v. 345--366). Tief seufzt bei diesen Worten der Angeredete auf; er sieht ein, welches schwere Unrecht er seinem Vater zufügen wollte, bittet ihn, umzukehren und verspricht beim heiligen *Martin*, ihn aufs beste zu pflegen; wenn seine Frau mit ihrem Schwiegervater nicht in Frieden leben wolle, so werde er ihm anderswo eine behagliche Stätte bereiten (v. 367—392). Die vorstehende Erzählung zeigt, wie töricht es ist, wenn die Eltern alles ihren Kindern geben und darauf angewiesen sind, von der Gnade derselben zu leben; kümmerlich ist das Dasein derjenigen, die von anderen ganz abhängig sind. Name des Dichters (v. 393—416).

Vergleichen wir mit dem Fable] *Berniers* die andere Bearbeitung, so ergiebt sich folgendes. Die Einleitung umfasst hier die ersten drei Zeilen: ich will euch der Wahrheit gemäss ein „Beispiel" erzählen. Was uns dort in v. 22—192 mitgeteilt wird, lesen wir hier in v. 4—24. Statt *Abevile* und *Paris* ist *Poitiers* der Schauplatz der Handlung. Wir erfahren nicht, welches Standes der Vater des Helden ist, nichts wird über den Tod der Mutter berichtet, der Schwierigkeiten, auf die der Vater bei der Werbung um die schöne Tochter des verschuldeten Ritters stösst, wird keine Erwähnung gethan. Wir hören nur, dass einst ein reicher Mann in *Poitiers* lebte, der seine Kinder lieb hatte — bei *Bernier* ist nur von *einem* Knaben die Rede -- und besondere Sorgfalt auf die Erziehung *eines* Knaben verwandte. Als er zu einem stattlichen Jüngling herangewachsen war, freite er ein Mädchen und sein Vater trat sein ganzes Vermögen an ihn ab. Die unwillkürlich sich uns aufdrängenden Fragen: Was erhielten die andern Kinder? Warum überliess er diesem Sohne *alles*, was er hatte? werden von dem Dichter nicht beantwortet. In v. 25—50 wird uns ungefähr dasselbe erzählt, was oben in v. 193—232 steht; die Zahlenangaben fehlen; die Rede der Frau ist weiter ausgesponnen, sie spricht davon, dass der Alte dem Trunke ergeben sei und beteuert beim heiligen *Petrus*, dass er bald all ihre Habe aufgezehrt haben werde; der Gatte antwortet nicht in direkter

Rede; ungern vermissen wir die für den weiteren Fortgang des „Abenteuers" so wichtige Bemerkung, dass der Knabe schon früh in Erfahrung bringt, dass sein Grossvater von der Gnade seines Vaters lebt. V. 51—98 entsprechen v. 233—310 der Bernier'schen Bearbeitung. Es fehlen ganz die sechs Wechselreden in v. 247--287, die von künstlerischem Geschick Zeugnis ablegen; hier erzählt der Dichter, dort legt er seine Worte den handelnden Personen in den Mund; während dort der Sohn durch die Worte des Alten gerührt zu werden scheint — wenigstens sagt er, dass er nur auf das Geheiss seiner Frau handle — erklärt er hier gerade heraus, dass er ihn nicht länger in seinem Hause dulden wolle. Vers 99—123 = V. 311—344. Nicht der Vater befiehlt dem Knaben, den er herbeiruft, eine Decke — und zwar die *beste* — aus dem Stalle zu holen, sondern er trägt dem Alten auf, selbst in den Stall zu gehen und sich von seinem Sohne eine *schlechte* Decke zu erbitten. Gegen den Schluss zeigt sich eine genauere Übereinstimmung, die sich jedoch nie auf den Wortlaut erstreckt.

Wie verschieden haben beide Dichter den ihnen mündlich überlieferten Stoff[17]) behandelt! Wie gut hat es *Bernier* verstanden, die Unwahrscheinlichkeiten der Erzählung zu mildern und eine psychologische Begründung einzuführen! Es darf keinem Zweifel unterliegen, dass sein Fableau an künstlerischem Werte hoch über dem des unbekannten Verfassers steht; ebenso wenig wird bestritten werden können, dass es sich von der ursprünglichen Fassung weiter als dieses entfernt.

Wie schon oben bemerkt, hat zuerst Méon die Hs. eingesehen und fast genau zum Abdruck gebracht: die Zahlen hat er ausgeschrieben, v. 112 *siurre* gedruckt und v. 316 *en la huche* gelesen. Renouard hat den Méon'schen Text wieder veröffentlicht und (nach Zuratcziehung der Hs.?) *en la huche* in das ebenfalls falsche *on la huche* verwandelt. Sehr konservativ ist Montaiglon verfahren, der auch mit Ausnahme von v. 56 (*sept*(!) = .VII.) die Zahlen durch Ziffern ausgedrückt hat. Leider giebt er seine Änderungen der Hs. nicht immer als solche an: so v. 2, wo er das unverständliche *mestire*, an dem Méon und Renouard keinen Anstoss genommen haben, durch *mestire* ersetzt, eine Verbesserung, die unabhängig von ihm, auch Förster in den Bartsch'schen Text eingeführt hat, (das *mlt* der Hs. löst er in *molt* auf, *lib'* in *livres*; v. 112 liest er *suirre*), so v. 46 u. 405, wo er *sans* für *sanz* der Hs. einsetzt, v. 130, 178, wo er *le* statt *li* schreibt; v. 238 will er des Reimes wegen *repaire* in *repere* geändert wissen, aber v. 415/416 lässt er *fere : faire* stehen; u. s. w. Bartsch hat, zum Teil auf Grund der Reime, vielfache Änderungen der Schreibweise des Textes vorgenommen. Die Reime sollen auch das Auge befriedigen; daher v. 11 *estudiier* statt *estudier*, ebenso v. 124, 144, 160, 355, 406 und 413 (folglich auch *aiiés* statt *aiez* in v. 386); daher ändert er wegen *vuelent* in v. 14 *seulent* in v. 13 in *suelent* (v. 287/8 *ruel:duel*, aber v. 293 *tu veus*, v. 314 *il veut* u. ö); daher *repere : fere* statt *repaire* in v. 238; v. 27 *fis* statt *fils : garnis*, ebenso v. 155, 284, 348 und infolgedessen ausserhalb des Reimes v. 76 *fis* statt *filz*, ebenso v. 84, 172, 186, 217, 248, 269, 279, 292, 306, 318, 395. (Der Copist hat wenigstens die Consonanten im Reime gleich schreiben wollen, daher finden wir an allen 4 Stellen im Reime *fils*, ausserhalb desselben an allen 12 Stellen *filz*). Die Zahlen hat Bartsch immer mit Buchstaben geschrieben. In v. 78 hat er *tert*, die übrigen *ters*, wische ab; was hat die Hs.? Beide sind

---

17) MR I, as v. 103 verliert gegenüber der ausführlichen Bemerkung in der Einleitung, besonders v. 6—8, an Glaubwürdigkeit.

erklärbar und wohl richtig. Vgl. Engländer, *der Imperativ im Altfranzösischen*. Breslauer Dissertation. 1889. V. 328 *coreuciez* gegenüber *corouciez* der übrigen ist ein Druckfehler, zumal Bartsch im Glossar die Form nicht anführt. Langes betontes lat. *e* vor einfachem Nasal drückt er durch *ei* aus und ändert *peine* in *paine*, v. 20, 45. Es ist inkonsequent, v. 176 *praingne* in *preigne* (und v. 222 *desdaigneuse* in *desdeigneuse*) zu emendieren und in v. 115 *destraint* stehen zu lassen. Wenn in v. 177 und 190 *saisi*, in v. 180 *dessaisis* in *sesi* und *dessesis* verwandelt wird, so muss auch in v. 156 *sesis* statt *saisis* stehen. Gegenüber *fait : ait* v. 51/2 und 161/2 ist es bedenklich, in v. 263,4, 285,6, 387/8 *faire : haire, mais : fais, mais : pais* in *fere : here* u. s. w., ebenso v. 323 *chapulaire* in *chapulere* zu verwandeln. In den Formen *sachiez* v. 21. *faz*, v. 22, *genz* v. 31, *enseigniez* v. 41, *liez* v. 42, *douz* v. 248, 306, *toz* v. 306, *aiez* v. 386 u. s. w. ist *z* durch *s* ersetzt worden. Warum ist *anemis* in v. 33 und 373 in *enemis* verändert worden? V. 112 wird statt *siurre* ein *sievre* geschrieben. Zwischen gedecktem *en* und *an* unterscheidet Bartsch streng in der Schreibweise; daher muss für *sanz* v. 46, 354, 405 *sens*, v. 197/8 für *ensauble : sanble* der Reim *ensemble : semble*, v. 306 für *tramble* ein *tremble*, v. 370 für *example* ein *exemple* eintreten. In v. 406 wird *anoie* in *anuiié* verbessert. Man muss ihm zustimmen, wenn er in v. 397 *se* in *s'i* und in v. 411 das unbetonte *suen*, das übrigens in unserem Texte immer *son* geschrieben wird, in das betonte *sien*, das in v. 176 durch den Reim zu *rien* gestützt ist, emendiert. Ausser diesen zahlreichen Änderungen bietet Bartschs Text besonders in der *Interpunktion* eine Reihe Verbesserungen gegenüber dem Montaiglons, so besonders in v. 1 ff und v. 408 ff.

Auf Grund der Reime ergiebt sich für den Dialekt des Dichters folgendes:

1) Offenes betontes *a* wird zu geschlossenem *e* (?) und nur mit sich selbst gebunden. Die Ausnahmen *cheval : mal* v. 309/10 und *pere : ere* v. 394/5 sind bekannt; der Dichter gebraucht nur *bacheler*.

2) Es finden sich nur zwei Fälle, in denen ursprüngliches *ai* mit aus *e* in betonter geschlossener Silbe entstandenem *e* gebunden erscheint, nämlich *après : pès (pacem)* v. 193/94 und *estre : mestre (magistrum)* v. 375,6; in einer viel grösseren Anzahl von Fällen wird es nur mit sich selbst gebunden, so in v. 17,18, 51,2, 161/2, 263/4. 285/6, 387/8 u. s. w. Es erscheint daher geboten, *ai* auch in der Schreibweise beizubehalten (ausser vor dreifacher Consonanz) und es nicht in *e* zu verwandeln. Vgl. *Cligès*, ed. Förster. p. LIX.

3) Gedecktes *an* und *en* werden streng auseinandergehalten; das beweisen besonders die vier Reime in v. 171—174. wo *vaillant : oiant* auf *convent : prent* folgt. Reime wie *mananz : anz*, v. 55/6 widersprechen bekanntlich nicht; also hat Bartsch mit seiner Änderung Recht.

4) Es ist wohl nur zufällig und wegen der Kürze des Gedichtes erklärlich, dass die aus *i* und *e* in geschlossener Silbe entstandenen *e* nicht unter einander, sondern nur mit sich selbst reimen.

5) Vor flexivischen *s* ist *l* nach langem betonten lat. *i* ausgefallen, wie die vier Bindungen von *fils : garnis* v. 27/8, *fils : saisis* v. 155/6, *fils : envis* v. 284,5 und *fils : fis (fecisti)* v. 347/8 zeigen.

6) Das Bartsch'sche Gesetz wird streng beobachtet. Reime wie *congié : gié* v. 231/2 und *moitié : gié* v. 335/6 sind nicht auffällig.

7) In einem einzigen Falle findet sich *ie*, das auf *iée* zurückgeht, mit ursprünglichem *ie* gebunden (v. 39/40).

8) *Lui* (*masc.*) und *li* (*fem.*) werden streng auseinandergehalten, vgl. *lui : autrui, : anui,* v. 157/8, 327/8; *li : norri* v. 73/4.

9) Lat. langes *o* in offener Silbe reimt nur mit sich selbst. Wie bei *Christian von Troyes*, ist es auch hier auffällig, dass *o* vor *r* blieb und vor *s* immer zu *eu* wurde; doch *pleure : eure* v. 245/6; bemerkenswert *leu : preu* v. 99/100.

10) Der Reim *anuioit : pooit* v. 219/20 beweist, dass unser Dichter nicht Normanne war. (Wegen *anuioit* und *anui* v. 328, 409 hat Bartsch *anoie* in *anuiié* verbessert).

11) Bemerkenswert ist *le* v. 333 und öfter für *la* als Acc. des unbetonten Pron. personale fem. gen.

12) Der Reim *escris : pais* v. 103/4 beweist, dass das aus *t + s* enstandene *z* sich schon zu *s* abgeschliffen hatte, wenn wir nicht annehmen müssen, dass es unserm Dichter bei seinen Reimen zunächst nur auf den Gleichklang der Vokale ankam; vgl. auch no. 5.

Aus allem diesem geht hervor, dass Bernier seiner Abstammung nach ein Pikarde war, dass er aber sehr unter dem Einfluss der francischen Mundart stand. Da er den Kaufmann von Abbeville[18]) nach Paris ziehen lässt — ein Umstand, der mit dem weiteren Verlaufe der Erzählung so gut wie nichts zu thun hat, der sich auch in der anderen Version nicht findet — so werden wir kaum irre gehen, wenn wir annehmen, dass ihn selbst vielleicht das mächtige Aufblühen von Paris verlockt hat, die heimatlichen Fluren von Ponthieu mit der Hauptstadt der Jle de France zu vertauschen. Der Schauplatz der andern Version ist *Poitiers*; der Dichter derselben ist gleichwohl ein *Pikarde*, der in den ersten Jahrzehnten des 14. Jahrh., nur um seine Fertigkeit im Reimen zu zeigen, die ihm mitgeteilte Erzählung in Versen der Nachwelt überlieferte.[19]) Dieser anonyme Versifex scheute sich, die geringste Änderung anzubringen; er lässt auch die Frau beim heiligen *Petrus* schwören, was um so erklärlicher ist, als es in *Poitiers* eine Kathedrale des heiligen *Petrus* giebt. Bernier hat den Schauplatz verlegt und zwar wohl in die Orte, die er aus eigener Anschauung kannte. Der undankbare Sohn schwört beim heiligen *Martin*[20]) und nicht beim heiligen *Petrus*; gewiss müssen wir auch hierin eine beabsichtigte Änderung erkennen. Der Dichter lebte in der zweiten Hälfte des 13. Jahrhunderts. Nach HL XXIII, 192 bestand die in v. 144–150 besprochene Sitte, von der in der andern Version keine Rede ist, nur bis 1307. Für diese Zeitbestimmung spricht auch die Untersuchung von Freymond, *Zeitschrift* VI, 1 ff., der unsere Dichtung auf das Vorkommen reicher

---

18) Die Stadt *Abbeville* kommt noch in zwei anderen Fableaux vor, in Brifaut *Mém.* NRfl. 124–126 und im *Bouchier* d'A beville von Eustache *d'Amiens*.

19) Wir können uns eine ausführlichere Beweisführung ersparen, da das Stück ohne jeden künstlerischen Wert ist.

20) Es ist Martin von Tours, der das erste französische Kloster *Marmoutiers* gegründet hat. Wir besitzen eine *Vie de St. Martin* aus dem 13. Jhd. von Paien Gastinel, der seinerseits aus der lat. vita des Sulpicius Severus geschöpft hat. Eine Legende vom heil. *Martin* wird uns auch im *Renart le Contrefait* erzählt, vgl. Wolf, p. 14. Es gab in Paris eine Kirche des heil. *Martin*, wie aus *Les Monstiers de Paris*, BM I, 291 v. 50 hervorgeht. In dem Stücke *La cour de paradis* steht *Sainz Martin* an der Spitze der Bekehrten, BM III, 128 ff. War der heil. *Martin* vielleicht der Schutzheilige von *Abbeville*? Wir haben nur erfahren können, dass der heil. *Vulfran* dort eine Kirche hat. Übrigens spielt der heil. *Martin* in den Fableaux die Rolle eines Heiligen, der die Wünsche der Menschen erfüllt; vgl. *Des JIII. souhais S. Martin*, MR V, 201–207, *Del couroileus et de l'awieus* par *Jean de Boves*, MR V, 211–14. Andere schildern ihn uns als gastfreundlich, so dass die Redensart *avoir l'hostel Saint Martin* soviel heisst als „gut beherbergt werden " Auch sonst kommt er in afr. Dichtungen nicht selten vor, so in *Li Dis du Mantel* von Jean de Condé, Scheler II, 313 ff., in *La Vie de St. — Elysabel* von *Rutebeuf* ed. Kressner p. 291 v. 1800, in *Le Couronnement de Renart*, Méon *Roman de Renart* IV, 56 v. 1527 ff. u. s. w.

Reime hin untersucht hat.²¹) Daher werden wir uns nicht wundern dürfen, dass wir bei ihm den einbrechenden Verfall der alten *Deklination*, der mit dem Untergange all und jeder Flexion des Substantivs und Adjektivs enden sollte, schon in starken Zügen antreffen. Ausserhalb des Reimes findet sich nur *ton pere* v. 338 und 340 als Nom. (durch die Silbenzahl sind die Formen *peres* und *pere* als Nom. gesichert. vgl. v. 236 und 340) und *grant meschéance* statt *granz m.* v. 274²²). Die Reimnot hat jedoch den Dichter zu einer Reihe von Verletzungen der alten Regel verleitet; gewiss wurde in seiner Zeit dieser Verstoss wenig lebhaft empfunden. So schreibt er v. 155 *fis*, Acc. statt *fil* wegen des Reimes zu *saisis, pechié* (Nom.): *aguetié* statt *pechiés* v. 373/4; so *meson* : *preudon* (Acc.) statt *preudome* v. 119/20, *enfant* (Nom.) : *commant* statt *enfes* 317/8; *monde* (Nom., rein): *monde* (Welt) statt *mondes* v. 181/2 u. s. w. Erwähnung verdient *fis* für *fesis = fecisti* in v. 347. Da es in unserem Stücke der einzige derartige Fall ist, so werden wir am besten thun, anstatt *quanque tu commandas et fis* zu lesen *quanque commandas et fesis*.

Urkunden haben wir über unsern Dichter nicht einsehen können, da uns keine zur Verfügung standen.

2. Boivin de Provins.

Am Schlusse des gleichnamigen Stückes lesen wir MR V, 64 v. 377—80:
Boivin remest .III. jours entiers ;
Se li dona de ses deniers
Li provos .X. sous à BOIVINS,
Qui cest fablel fist à Provins.

Trotz dieser nicht misszuverstehenden Angabe haben *Fauchet, La Croix du Maine, Duverdier, Caylus, Legrand d'Aussy, Barbazan, Méon, Dinaux* und zuletzt *Le Clerc* unser Stück einem Verfasser Namens *Courtois d'Arras* zugeschrieben²³). *Courtois d'Arras* oder *Le lai de Courtois* ist der Titel einer Erzählung, die weiter nichts als eine dem Geschmacke der damaligen Zeit angepasste Paraphrase der Parabel des verlorenen Sohnes (*Lucas* 15, 11--32) ist; während sich der Evangelist in v. 13 mit der kurzen Bemerkung begnügt, dass der verlorene Sohn all sein Geld vergeudet und in v. 30 den älteren Bruder die Art und Weise des Verprassens bündig angeben lässt, hat der altfranzösische Dichter in v. 129—496 uns genau beschrieben, wie *Cortois* von leichtsinnigen Mädchen um sein Hab und Gut betrogen wird. Dazu kommt, dass in dem von *Méon* veröffentlichten Texte v. 93—128 (nicht in der Hs. zu *Pavia* CXXX E 5 fol. 58ᵃ—62ᵃ) die Schwester den verlorenen Sohn zu bewegen sucht, nicht die heimatlichen Fluren zu verlassen. Im übrigen hat der Trouvère nur seine Vorlage in Reimen übersetzt und noch *Lucas* 15 v. 7 zur Ergänzung herangezogen.

---

21) Bartsch setzt unsern Dichter fast unmittelbar hinter den von *Aucassin und Nicolete*.
22) Beim Femininum der ursprünglich eingeschlechtigen Adjektiva ist vielleicht zuerst nach Analogie der paroxytonen Substantiva die Unterscheidung des Nom. und Acc. fallen gelassen worden. Es ist auch möglich, dass der Copist *ies* in *ion* und *grans* in *grant* verwandelte.
23) *Chevalier* kennt *Boivin de Provins* als Autor nicht und müsste daher wohl auch unter die Zahl dieser Gelehrten gestellt werden.

Da es in der Fableaux-Litteratur nicht selten vorkommt, dass der Titel eines Stückes mit dem Namen des Verfassers übereinstimmt (*Boivin de Provins, Jouglet*, vgl. auch *Dinaux, Trouvères* III, 149), so können wir leicht begreifen, dass *Fauchet* den *Courtois d'Arras* zum Autor der gleichlautenden Erzählung machte, obwohl jede Angabe darüber in dem Gedichte selbst fehlt. Aber wie kam er dazu, diesen *Courtois d'Arras* für den Verfasser des Fableau *Boivin de Provins* zu erklären? Wenn er selbst und die grosse Anzahl der Gelehrten, die auf seine Autorität hin dieselbe Meinung ausgesprochen haben, uns hierauf jede Antwort schuldig bleiben, so muss uns das ebenso sehr befremden als anspornen, unsererseits nach Gründen zu suchen. So können wir ohne Zögern behaupten, dass die teilweise Ähnlichkeit des Inhalts den Anstoss zu der seltsamen und, wie die Untersuchung der Sprache lehren wird, falschen Hypothese gegeben hat; und zwar bezieht sich die Übereinstimmung gerade auf das, was wir im *Courtois d'Arras* als die selbständige dichterische Arbeit des Autors zu betrachten haben, nämlich auf v. 129—496, die ausführliche Darlegung, wie *Courtois* sein Erbe vorzehrt. *Boivin de Provins* ist das Gegenstück zu diesem Teile des *Courtois d'Arras*: er ist ein verschlagener Mann und stellt sich als Bauer, *Courtois* ist unerfahren und spielt sich als Weltmann auf; *Boivin* betrügt die, welche ihn hintergehen wollen, *Courtois* verliert all sein Hab und Gut. Der Schauplatz ist derselbe, die Betrügerinnen sind dieselben u. s. w.

Das Fableau *Boivin de Provins* ist nach der Hs. A (Paris, Bibl. nat., Mss. fr. 837, fol. 66 v° bis 68 v°) zuerst von *Barbazan*, dann unter Heranziehung der Hs. B (ibid. 24432, fol. 49v° bis 52r°), die aber thatsächlich für die Textherstellung nicht benutzt worden ist, von *Méon* und zuletzt nach A unter Mitteilung, aber Nichtverwendung der Varianten von B (MR V, 306—316) in MR V, 52—64 gedruckt worden. Früher teilte *Dinaux, Trouvères III*, 156[1]) und 157 den Anfang und Schluss nach *Méon* (aber mit willkürlichen Änderungen der Schreibweise v. 11 *ains* für *ainz*, v. 16 *co* für *ce*, falschen diakritischen Zeichen *remesé: resé* für *remese: rese* v. 13,14) und *Tarbé, Poètes de Champagne* p. X. Anmerkung den Schluss (mit teilweiser Umwandlung der altfranzösischen Schreibweise in die nfrz.) mit. Analysen finden sich bei *Dinaux, Trouvères*, l. c., HL XXIII, 186/7 (vgl. 70,71) und bei *Legrand d'Aussy* IV, 209—216. Diese letztere erspart uns, mit Rücksicht auf die eigentümliche Art des Inhalts, näher auf denselben einzugehen. *Imbert* hat im vorigen Jahrhundert unter vielen anderen Fableaux auch unsere Dichtung in Verse gebracht; vgl. *Boccaccio* II, 5 und *Landau, Quellen des Decamerone* p. 39.

Barbazan, der unser Stück zuerst vollständig bekannt gab, erlaubte sich fast in jeder Zeile die Schreibweise in etwas zu modernisieren; die Silbenzählung hat er nicht zur Controlle der Textrichtigkeit herangezogen, vgl. v. 23 *qui fust* statt *qui i fust*, v. 38 *peust* statt *puist*; manches Wort hat er nicht verstanden, so v. 9 *Borras*; v. 90/91 hat er, ohne es anzugeben, weggelassen.[15]) *Méon* muss die Hs. wieder eingesehen haben, da er zahlreiche Änderungen gegenüber dem Texte seines Vorgängers bietet, die mit der Hs. übereinstimmen; aber auch er hat uns nicht einen getreuen Abdruck gegeben, wie schon eine oberflächliche Vergleichung mit den Worten in MR zeigt. MR wollen uns einen peinlich genauen Abdruck überliefern, und doch bieten an einigen Stellen *Barbazan* und *Méon* vielleicht die Schreibweise der Hs., so v.

---

[14] Nicht im vierten, sondern im dritten Bande von *Barbazan* steht unser Stück.
[15] So kommt es, dass sein Text und der von BM nur 378 Zeilen lang ist.

16 *miex*, v. 33/4 *some:home*, wo MR *mieus, somme: homme* schreiben. Wie steht in der Hs.? Unsere sprachliche Untersuchung wird sich daher nicht zu sehr in Einzelheiten verlieren dürfen, da wir die Hs. nicht einsehen konnten. Bezüglich der Interpunktion ist zu bemerken, dass *Méon* an der *Barbazan*'schen und MR an der *Méon*'schen erhebliche Verbesserungen angebracht haben; immerhin ist in Bezug hierauf in unserem Gedichte noch viel zu thun. So werden wir beispielsweise v. 12—16 interpungieren müssen:

Et cil, qui mout de barut sot,
— .I. mois et plus estoit remese
Sa barbe qu'ele ne fu rese —
.I. aguillon prist en sa main,
Por ce que mieus samblast vilain.

Das Semikolon hinter *rese* ist falsch.

Gegenüber den oben angeführten Gelehrten hat zuerst Tarbé in seinen *Poètes de Champagne* 1851 p. X geltend gemacht, dass ebenso wenig Grund vorliege, *Boivin de Provins* die Autorschaft des Fableau abzusprechen, als sie dem sogenannten *Courtois d'Arras* zuzuschreiben. Ihm scheinen sich MR und *G. Paris* anzuschliessen; der letztere wenigstens hält *Courtois d'Arras*, l. c. p. 116, überhaupt nicht für den Namen eines Dichters. Es ist auch gar nicht nötig, in dem Namen *Boivin — Trinkwein* einen Pseudonym (wie *Dinaux* will, für *Courtois d'Arras*, aber was hat *Arras* mit *Provins* zu thun?) anzunehmen, zumal der Held der Dichtung noch viel schlimmeren Passionen nachgeht. Übrigens führt *Chevalier* einen *Jean Boivin* an, der bis 1322 lebte und aus Paris stammte. Wir können an der Echtheit des Namens um so weniger zweifeln, als *Boivin* seiner angeblichen Nichte gegenüber seinen wahren Namen verheimlicht und sich (v. 127, 161 u. ö) als *Fouchier de la Brouce* ausgiebt. Alle Zweifel aber wird die Untersuchung der Sprache und die nähere Betrachtung der in dem Stücke enthaltenen Eigennamen lehren. Es kann nicht schwer sein, auf Grund der Reime nachzuweisen, ob der Dichter aus *Provins* oder aus *Arras* stammte; können wir ja einerseits *Guiot de Provins*[26]) und andererseits die Erzählung des *Courtois d'Arras* und die ihm zugeschriebene Satire selbst sammt der grossen Reihe der aus *Arras* gebürtigen Dichter — nennen wir nur *Jean Bodel, Gautier, Audefroi le Bâtard, Adam de la Halle* — zur Vergleichung heranziehen. Zuvor müssen wir noch etwas über das Verhältnis der beiden auf uns gekommenen Hss. des *Boivin de Provins* berichten.

Beide Hss. gehen bis v. 286 auf dasselbe Original zurück; das beweisen die zahlreichen Übereinstimmungen des Wortlautes (v. 281 fehlt in B wegen des bedenklichen Reimwortes zu *vëu*.) Da aber jede von ihnen ihre besonderen Auslassungen und Hinzufügungen bietet, die die andere Hs. nicht hat, so ist keine die unmittelbare Vorlage der anderen gewesen. Obwohl die Hs. B um 38 Zeilen kürzer ist als die Hs. A — davon kommen 8 auf den Schluss v. 287—380 — so stellen sich doch eine Reihe von Versen als ganz willkürliche Erweiterungen eines späteren Überarbeiters (oder des Schreibers?) heraus, so die zwischen v. 14 15, v. 28/29 u. s. w. eingeschobenen Zeilen. Aber auch A hat Zusätze, die in dem Original sicherlich nicht vorhanden gewesen sind, wie v. 89—92 am besten zeigen, deren Reimworte *pès* (pacem), *adès*, *pès* (pacem) und *mès* (magis) gegenüber *pès* (pacem) und *plès* (placitum) in B sind. Soviel ist

---

26) Die Chronik des anonymen Verfassers von *Provins*, von der *Tarbé* l. c. p. XLI spricht, ist unseres Wissens noch nicht ediert.

ausgemacht, dass die Vorlage von B der Hs. A sehr nahe gestanden haben muss; aus v. 254: *Qu' à ses parenz l'ai fort trechié* macht B den ganz unverständlichen Vers: *A ces amis la fortrei gié*. Von v. 287 an gehen die beiden Hss. zwar nicht dem Inhalte, wohl aber dem Wortlaute nach dermassen auseinander, dass wohl angenommen werden muss, dass ihre Vorlagen schon so verschieden waren. In der 2. Hs. fehlt *Boivin de Provins* als der Name des Verfassers (bemerkenswert ist, das B in v. 1 das unklare und falsche *de vins* statt *Boivins* schreibt). Eigentümlich sind der ersten Hs. die Namen *Sorin* v. 51, wofür B *Brunel* setzt und *Sirous* v. 69, der in der zweiten Hs. fehlt. Nur in der zweiten Hs. finden sich *St. Germain* v. 249, die Städtenamen *Compigne* v. 332 und *Coloigne* v. 365, die beiden letzteren also nach v. 286. Die übrigen Namen stimmen überein.

Die Schreiber beider Hss. waren Pikarden, vgl. z. B. A, B v.35/6 *saus. Giraus*, v. 51 2 *saus : faus*, wo beide Mal offenes *ou* vorliegt; der erstere steht mehr unter dem Einflusse des francischen Dialekts als der zweite, der überhaupt spätere Laute und Formen und eine Reihe sogenannter umgekehrter Schreibweisen aufzuweisen hat. Auslautendes *ai* ist in der Sprache des zweiten Schreibers zu *e* monophthongiert (MR drucken *é*), so in *é* v. 308, im Futurum *iré* v. 198, *avré* v. 253 (dazu auch *prendré*, MR schreiben *prendre* in v. 67) und in *sé* v. 313; daneben natürlich die etymologischen *savrai* v. 68 u. s. w. Einmal, v. 261/2, nimmt B Anstoss an der Bindung *ent : ant* und setzt für *malement : dormant* die Reime *autrement : forment* ein, ein anderes Mal, v. 169/70, ändert es *argent : gent* in *avant : argant* (!). — Auf die Änderung der Reime *moi : voi* v. 225/6 in *moi : toy* ist wegen anderer entgegenstehender Fälle kein Gewicht zu legen. — Im Anlaut setzt B oft *c* für *s* ein, so in v. 15 *ces* für *ses*, v. 24 *c'est* für *s'est* u. ö. — Dass *s* vor *t* verstummt, war, lehren die umgekehrten Schreibweisen *vest — vet*, er geht v. 203/4 (:*prest*, bereit), *sost=solidum* v. 67/8 (:*tost*, bald oder ganz?). Dann war zum Verstummen von auslautendem *st* nur noch ein Schritt, der thatsächlich in *ice=icest*, Nom. für *icist* v. 228 gemacht ist. — Beachtenswert ist in B *assiz* für *assis* v. 24, ferner die falschen etymologischen Schreibungen *vault=valet*, v. 248 und *soulz = solidos* v. 287. — Verunglückt ist *vivout*, lebend: *respont*, v. 129/30. -- Die Form *lieus* als Acc. fem. *=talem* v. 254 zeigt die Verlegenheit des Schreibers in Bezug auf die Casusunterscheidung des Nomens. - — Für *qu'* als Nominativ des Relat. findet sich *qui*, v. 82. — Statt *èussons* bietet B in v. 163 das ältere *aiens*. — In dem von A abweichenden Schlusse lesen wir v. 368 *prevolz=praepositus*, die unreinen Reime *hors : os*, v. 291/2 (A hat *desclos : hors*), *provost : clos*, v. 299/300 (A hat *cops : clos*) und das ganz anstössige *Ysane : fauve*, v. 329/30. — In die verwilderte Reimerei des 14. Jhds. führen uns *ere* (war): *arriere* (zurück), v. 351/2 und *feite : s'esploite* (è : oè), v. 357,8. Untersuchung der Sprache des Dichters von A und der Eigennamen von A und B stehen noch aus.

(Die Fortsetzung der Arbeit wird in nächster Zeit erscheinen.)